हिन्द पॉकेट बुक्स

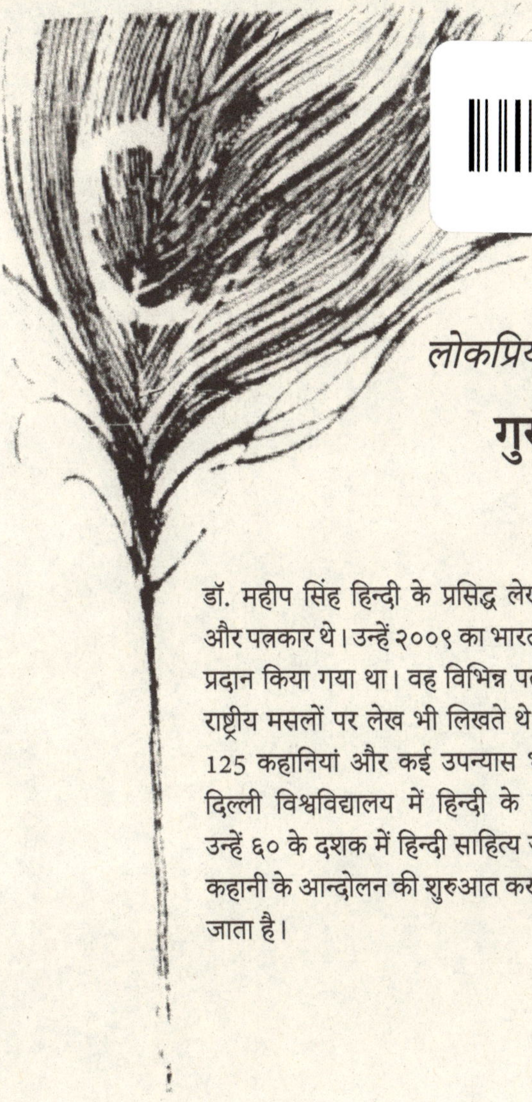

लोकप्रिय संत कवि

गुरु नानक

डॉ. महीप सिंह हिन्दी के प्रसिद्ध लेखक, स्तम्भकार और पत्रकार थे। उन्हें २००९ का भारत भारती सम्मान प्रदान किया गया था। वह विभिन्न पत्र-पत्रिकाओं में राष्ट्रीय मसलों पर लेख भी लिखते थे। उन्होंने करीब 125 कहानियां और कई उपन्यास भी लिखे थे। वे दिल्ली विश्वविद्यालय में हिन्दी के प्राध्यापक रहे। उन्हें ६० के दशक में हिन्दी साहित्य जगत में संचेतन कहानी के आन्दोलन की शुरुआत करने के लिए जाना जाता है।

संपादक
डॉ. महीप सिंह

संत कवि

गुरुनानक

हिन्द पॉकेट बुक्स
पेंगुइन रैंडम हाउस इम्प्रिंट

हिन्द पॉकेट बुक्स

यूएसए | कनाडा | यूके | आयरलैंड | ऑस्ट्रेलिया | सिंगापुर
न्यू ज़ीलैंड | भारत | दक्षिण अफ़्रीका | चीन

हिन्द पॉकेट बुक्स, पेंगुइन रैंडम हाउस ग्रुप ऑफ़ कम्पनीज़ का हिस्सा है,
जिसका पता global.penguinrandomhouse.com पर मिलेगा

पेंगुइन रैंडम हाउस इंडिया प्रा. लि.,
चौथी मंजिल, कैपिटल टावर -1, एम जी रोड,
गुड़गांव 122 002, हरियाणा, भारत

पेंगुइन
रैंडम हाउस
इंडिया

प्रथम हिन्दी संस्करण हिन्द पॉकेट बुक्स द्वारा 1999 में प्रकाशित
यह संस्करण हिन्द पॉकेट बुक्स में पेंगुइन रैंडम हाउस द्वारा 2022 में प्रकाशित

10 9 8 7 6 5 4 3 2

इस पुस्तक में व्यक्त विचार लेखक के अपने हैं, जिनका यथासंभव तथ्यात्मक सत्यापन किया गया है, और इस संबंध में प्रकाशक एवं सहयोगी प्रकाशक किसी भी रूप में उत्तरदायी नहीं हैं।

ISBN 9789353492250
मुद्रकः रेप्रो इंडिया लिमिटेड

www.penguin.co.in

MIX
Paper from responsible sources
FSC® C047271

This is a legitimate digitally printed version of the book and therefore might not have certain extra finishing on the cover.

क्रम

जीवन–कथा

विचित्र बातें

बाहर की बैठक में बहुत-से आदमी इकट्ठे थे और अंदर के आंगन में बहुत-सी औरतें जमा थीं। तलवंडी गांव के पटवारी कालू मेहता की पत्नी तृप्ता ने बच्चे को जन्म दिया है-यह जानने के लिए सभी लोग बहुत उत्सुक थे। इतने में दौलतां नाम की दाई उस कमरे से बाहर निकली जहां बच्चे का जन्म हुआ था। सभी ने देखा कि दौलताँ के चेहरे पर खुशी झलक रही है। वह कुछ घबराई हुई भी लगती है। गांव के जमींदार रायबुलार ने आगे बढ़कर पूछा-"अरी दौलतां, क्या खुशखबरी लाई है?"

"बधाई हो!... बधाई हो!" दौलतां बड़े उत्साह से बोली-"लड़का है...पर...।"

"पर क्या?" सभी लोग एकदम चौंक उठे। कालू मेहता ने कुछ घबड़ाकर पूछा-"तृप्ता और काका दोनों ठीक हैं ना?"

दौलताँ बोली-"सब ठीक है।...चिंता की कोई बात नहीं, पर यह बालक तो कुछ विचित्र-सा है। बच्चे जन्म लेकर रोते हैं, पर यह इस तरह मुस्करा रहा है, जैसे बड़े लोग मुस्कराते हैं।"

सभी लोग दौलतां की बात सुनकर आश्चर्य में पड़ गए। कालू मेहता को जहां पुत्र-जन्म की खुशी थी, वहीं दौलतां की बात सुनकर वे किसी सोच में डूब गए। इतने में गांव के पुरोहित पंडित हरदयाल भी वहां आ गए। कालू मेहता ने बालक के इस प्रकार मुस्कराने की बात पंडित जी को बताई। पंडित जी ने कहा-"चिंता की कोई बात नहीं। मैं जरा बालक को एक बार देख लूं।"

पंडित जी ने बालक को देखा। आश्चर्य से उनका मुंह खुला- का-खुला रह गया। बालक के मस्तक पर अद्भुत प्रकाश फैला हुआ था। उन्होंने दोनों हाथ जोड़कर बालक को नमस्कार किया।

उन्हें इस तरह नवजात बालक को नमस्कार करता देखकर सभी लोगों को और भी आश्चर्य हुआ। रायबुलार ने पूछा-"पंडित जी, क्या बात है?"

"जमींदार साहब!" पंडित जी बोले-"इस बालक ने हमारे गांव में हमारी धरती पर जन्म लिया है। यह तो हमारे लिए बड़े सौभाग्य की बात है। यह बालक

महान अवतारी पुरुष हैं। बड़ा होकर यह भूली-भटकी जनता को सच्चाई और ज्ञान का रास्ता दिखाएगा। ऊंच-नीच, हिन्दू-मुसलमान सभी के बीच में बिचरेगा, सभी को उपदेश देगा। सभी इसे अपना कहेंगे, सभी इसे इज्जत देंगे।"

यह बात आज से लगभग 500 वर्ष पहले की है। उस बालक का नाम था-नानक, जो आगे चलकर गुरु नानक या बाबा नानक के नाम से जगत-प्रसिद्ध हुए।

नानक जब कुछ बड़े हुए तो पढ़ने के लिए पाठशाला भेजा गया। पर ऐसे विचित्र विद्यार्थी से तो पंडित जी भी जल्दी ही परेशान हो गए। पंडित जी ने नानक से पट्टी पर 'अ' लिखवाया। नानक ने 'अ' तो लिख दिया; पर पूछा-"पंडित जी! 'अ' का अर्थ क्या है?"

पंडित जी सोच में पड़ गए। भला 'अ' का क्या अर्थ हो सकता है? 'अ' तो मात्र एक अक्षर है।

बालक नानक को पाठशाला और मदरसे की दीवारें सन्तुष्ट नहीं कर सकीं। वह अपने गांव के आसपास के जंगलों में चले जाते और साधु-संतों की संगत करते। उनसे ईश्वर, प्रकृति तथा जीव के सम्बन्ध में खूब बातें करते।

फिर उनके पिता कालू मेहता ने देखा कि नानक का मन पढ़ने-लिखने में नहीं लग रहा है, तो उन्होंने कहा-"बेटा, यदि तुम्हारा मन पढ़ाई-लिखाई में नहीं लगता, तो घर की गाय-भैंस ही चरा लाया करो।"

पिता की आज्ञा मान कर नानक ढोरों को चराने ले गए। जानवर इधर-उधर चरने लगे और नानक एक वटवृक्ष के नीचे बैठकर भगवान के ध्यान में मग्न हो गए। नानक की भैंसे एक किसान के खेत में जा घुसीं और उसे चर गईं। किसान को जब पता लगा तो वह बहुत नाराज हुआ और उसने कालू मेहता से हर्जाने की मांग की।

यह बात गांव के मुसलमान जमींदार (हाकिम) रायबुलार को पता लगी। रायबुलार बालक नानक से बहुत प्रेम करता था। उसने स्वयं उस किसान का हर्जाना भर दिया और कालू मेहता से कहा-"अपने बेटे से कुछ भी बुरा-भला न कहो। उसमें मुझे अल्लाह का दीदार होता है।"

नानक कुछ और बड़े हुए, तो उनके माता-पिता ने सोचा कि अब उनका यज्ञोपवीत-संस्कार कर दिया जाए। संस्कार के लिए सभी सगे-सम्बन्धियों को न्यौता दे दिया गया। जब संस्कार-विधि का समय आया तो नानक ने जनेऊ पहनने से इनकार कर दिया। सभी को बड़ा आश्चर्य हुआ और गुस्सा भी आया। पुरोहित जी ने बड़े क्रोध से पूछा-"क्यों, तुम यह जनेऊ क्यों नहीं पहनोगे?"

"यह जनेऊ तो कुछ दिन बाद गंदा हो जाएगा।" नानक ने कहा।

"तुम कैसा जनेऊ पहनना चाहते हो?"-पुरोहित ने तुनककर पूछा।

"मुझें तो ऐसा जनेऊ चाहिए जो न कभी गंदा हो, न कभी टूटे, न कभी जले और कभी नष्ट हो।"-नानक ने बड़े सहज भाव से कहा।

"अरे, ऐसा जनेऊ कहाँ से आएगा?" कालू मेहता ने आगे बढ़कर बहुत डांटते हुए पूछा-

"आ सकता है।" नानक ने बड़े शांत भाव से कहा-मेरे लिए ऐसा जनेऊ बनाओ जो दया रूपी कपास को बंटकर संतोष रूपी सूत का बना हो। उनमें संयम की गांठ से सच्चाई की बंटाई हो। बताइए पंडित जी, आपके पास ऐसा जनेऊ है? तो मुझे पहना दीजिए।"

नानक की बात सुनकर पुरोहित जी सोच में पड़ गए। भला ऐसा जनेऊ कहां मिलेगा? बालक नानक की इन विचित्र बातों से पिता कालू मेहता बहुत परेशान थे। उन्हें लगा-नानक ने ऐसी उल्टी-सीधी बातें कर सारी बिरादरी के सामने उनका सिर नीचा कर दिया है।

बहुत सोच-विचार कर उन्होंने नानक को किसी व्यापार में लगाने का निश्चय किया। उन्हें एक छोटी-सी दूकान खुलवा दी गई। कुछ दिन बाद पिता ने कहा-"बेटा नानक! ये लो बीस रुपये। पास के गांव में बाजार लगा है। वहां से अपनी दूकान के लिए कुछ सौदा खरीद लाओ।"

नानक ने रुपये ले लिए और बोले-"पिता जी, कैसा सौदा लाऊं?

"खरा सौदा होना चाहिए।" पिता ने कहा-"जिससे तुम्हें खूब लाभ मिले।"

"अच्छी बात है, पिताजी।" नानक ने कुछ सोचते हुए कहा- "मैं ऐसा सौदा ही खरीदूंगा।"

नानक रुपये लेकर बाजार चल दिए। रास्ते में सोचते जाते कि ऐसा कौन-सा सौदा है, जिसमें बहुत-सा लाभ मिल सकता है।

रास्ते में एक जंगल पड़ता था। नानक उसमें से निकलकर जा रहे थे कि उन्हें साधुओं की एक मंडली मिल गई। साधुओं ने नानक को देखा तो बोले- "बच्चा, हम कई दिन से भूखे हैं, हमें भोजन करा दो। भूखों को भोजन कराने से बहुत लाभ होता है।"

"बहुत लाभ होता है!" नानक ने मन-ही-मन सोचा-"पिता जी ने कहा था कि ऐसा सौदा करना, जिसमें बहुत लाभ हो। यह भी तो बड़े लाभ का सौदा है।"

"महात्माजी।" नानक ने साधुओं से कहा-"आप मेरे साथ चलिए, मैं आपको भोजन कराऊंगा और बहुत-सा लाभ कमाऊंगा।"

नानक के पास जितने भी रुपये थे, उन सभी से उन्होंने साधुओं को भरपेट भोजन कराया और जरूरत की दूसरी चीजें उन्हें ले दीं।

नानक खाली हाथ घर पर वापस आ गए। पिता ने पूछा-"तुम कौन-सा सौदा खरीदकर लाए हो?"

नानक ने कहा- "बड़े लाभ वाला सौदा खरीदा है। मैंने आपके दिए रुपयों से भूखे साधुओं को भोजन करा दिया, पिता जी! भूखों को भोजन कराने से बहुत जाभ होता है न?"

नानक की बात सुनकर कालू मेहता गुस्से में भर गए और उन्होंने नानक को बहुत अधिक डांटा।

नानक को डांट पड़ती देखकर उनकी माता को बड़ा दुःख हुआ। उन्होंने नानक को समझाते हुए कहा-"बेटा, तुम अपने पिता का कहना मानो। तुम अपने आपमें ही इतना डूबे रहते हो कि लोग समझते हैं कि तुम अपनी सुध-बुध गंवा बैठे हो। लोग तुम्हारे बारे में कैसी-कैसी बातें करते हैं, तुम्हारी हंसी उड़ाते हैं।"

"मां, तुम लोगों की चिन्ता क्यों करती हो?" नानक ने कहा-"ये सारे लोग अज्ञान के अंधेरे में डूबे हैं।"

माँ ने कहा-"बेटा, तुम दुनिया की चिंता छोड़कर अपने घर की चिन्ता करो।"

नानक ने कहा-"मेरी अच्छी मां! सारा संसार लोभ और अहंकार की आग में जल रहा है। तुम चाहती हो कि मैं उसकी चिन्ता छोड़कर अपने परिवार की चिंता करूं। मां! क्या मैं परमेश्वर की इस सारी सृष्टि को ऐसे ही जलने दूं?"

बेचारी भोली-भाली मां को नानक की कोई भी बात समझ में नहीं आई।

परिवार के बड़े-बूढ़ों ने सोचा-अवश्य ही नानक को कोई मानसिक रोग है। सभी ने सलाह दी कि किसी वैद्य को बुलाकर नानक को दिखाया जाए। कालू मेहता ने गांव के वैद्य को बुलाया। वैद्यराज नानक की बांह पकड़कर नब्ज टटोलने लगे तो नानक मुस्करा दिए और बोले-"वैद्यजी, मेरी नब्ज क्यों टटोल रहे हैं? मेरे शरीर में तो कोई कष्ट नहीं है।"

"तो तुम्हें कहां कष्ट है?"-वैद्य जी ने पूछा।

"मेरी आत्मा में।"-नानक ने कहा।

"आत्मा में।" वैद्य जी ने आश्चर्य से पूछा-"आत्मा में कैसा कष्ट है, नानक?"

नानक ने कहा-“वैद्य जी, मेरी आत्मा में कष्ट यह है कि मैं अपने परमात्मा से बिछुड़ गया हूँ। उससे मिलने की तीव्र इच्छा मुझे लगातार सता रही है।”

वैद्य जी ने हाथ जोड़कर उनके सामने सिर झुका दिया और कहा-“तुम्हारे रोग की दवा तुम्हारे अंदर ही है।”

वैद्य जी का उत्तर सुनकर नानक के माता-पिता बहुत उदास हुए और बोले-“हम तुम्हारे माता-पिता हैं नानक। आखिर हमारा भी तो तुम पर कुछ अधिकार है।”

नानक ने कहा-“मुझे पता नहीं, उस ईश्वर के सिवा मेरा कौन पिता है-कौन माता है! मैं कहां से आया हूं-किस काम के लिए आया हूं।”

“नानक का विवाह कर देना चाहिए।” एक अनुभवी संबंधी ने सलाह देते हुए कहा-“विवाह के बाद नानक को घर-गिरस्ती का मोह पड़ जाएगा और वह सांसारिक कामों में रुचि लेने लगेगा।”

“सम्बन्धी का यह विचार सभी को बहुत पसन्द आया। इस समय तक नानक की आयु चौदह वर्ष की हो चुकी थी। पहले लड़के-लड़कियों के विवाह बड़ी छोटी उम्र में ही कर दिए जाते थे। कुछ समय बाद बटाला निवासी मूलराज की पुत्री सुलबऊनी से नानक का विवाह कर दिया गया। सुलबऊनी से नानक जी के दो बेटे पैदा हुए। एक का नाम था-श्रीचंद और दूसरे का लक्ष्मीचंद।

पर इससे भी उनके स्वभाव में कोई परिवर्तन नहीं हुआ। नानक का मन दुनियावी कामों में लगता ही नहीं था। वह अधिकतर साधु-संतों की संगत में रहते। उनसे तरह-तरह की बातें करते, उनके सामने तरह-तरह के प्रश्न रखते और जब कभी अकेले होते तो एकान्त में बैठकर कुछ सोचा करते।

नानक की बड़ी बहन का नाम था नानकी। वह नानक से बहुत प्यार करती थी और समझती भी सबसे ज्यादा थी। वह सुल्तानपुर लोधी नामक नगर में नवाब दौलतखान के एक कर्मचारी जयराम से ब्याही गई थी। उसने कुछ दिनों के लिए नानक को अपने पास बुलवा लिया।

जब नानक सुल्तानपुर पहुंचे तो जयराम उन्हें नवाब से मिलाने ले गया। नवाब ने नानक को देखा तो देखता ही रह गया। उनका भोला-भाला चेहरा, कुछ पाने को व्याकुल आंखें, कुछ बोलते से होंठ, मस्तक पर चमकता हुआ तेज। यह सब देखकर नवाब बहुत प्रभावित हुआ और नानक से बाला-“आप मेरे पास काम करना पसंद करेंगे?”

"हां, यदि काम मेरी पसंद का होगा तो करूंगा।"-नानक ने कहा। "कैसा काम आपको पसन्द होगा? "- नवाब ने पूछा।

"जिससे बहुत-से लोगों का भला हो।"-नानक का उत्तर था।

नवाब ने कुछ देर सोचा। फिर बोला-"आप हमारे मोदीखान का काम संभालिए। यहां से अनाज बांटा जाता है। आप यह काम अच्छी तरह कर लेंगे।"

नानक ने यह काम करना मंजूर कर लिया। वह अपने काम को बहुत अच्छी तरह करते थे; परन्तु जो रसद उन्हें अपने लिए मिलती थी, उसे वे साधु-संतों में बांट देते थे।

एक बार नानक किसी को रसद तोलकर दे रहे थे। अपने तराजू से बारह बार तोल चुके। जब तेरहवीं बार तोलने लगे, तो मुंह से निकला 'तेरा'। तेरा का एक मतलब है 'तेरह' और दूसरा मतलब है 'तुम्हारा'। अर्थात् परमात्मा का। बस नानक की रट 'तेरा' पर ही लग गयी। 'तेरा', 'तेरा' कहकर नानक न जाने कितनी रसद उसे तोल दी।

लोगों ने नवाब से शिकायत की कि नानक तो मोदीखाने को लुटाए दे रहे हैं; पर जब जांच-पड़ताल की गयी तो रसद पूरी निकली।

नानक पास में ही बहती हुई नदी पर स्नान करनें जाया करते थे। एक दिन स्नान करने गए और तीन दिन तक वापस नहीं आये। घर में सभी को चिन्ता हुई। लोगों ने सोचा कि नानक नदी में ही कहीं डूब गये हैं; पर बहन नानकी कहती थी-"मुझे विश्वास है कि भाई जीवित है। उसे तो अभी संसार में बहुत बड़े-बड़े काम करने हैं। वह भला कैसे डूब सकता है!"

तीन दिन बाद नानक एकाएक प्रकट हो गये। लोगों में खुशी की लहर दौड़ गयी। इन तीन दिनों में नानक समाधि में लीन रहे थे और इसी समाधि में उन्हें परमात्मा का प्रकाश अनुभव हुआ था। लोगों ने बड़े आश्चर्य से देखा कि नानक का रूप-रंग पूरी तरह से बदला हुआ है। उनका मुख-मंडल प्रकाश से चमक रहा है। उनकी आंखों से अद्भुत ज्योति फूट रही है और उनके मुंह से निकल रहा है-"ना कोई हिन्दू ना कोई मुसलमान!""

जब गुरु नानक ने कहा कि न कोई हिन्दु है, न कोई मुसलमान, तो कट्टरपंथी हिन्दू और मुसलमान दोनों ही उनसे नाराज होने लगे। शहर के काजी ने नवाब दौलतखान से शिकायत की। नवाब ने उन्हें बुला भेजा और पूछा-"यह आपको क्या हो गया है? आप कहते हैं कि न कोई हिन्दू है, न कोई मुसलमान। इसका

मतलब क्या है?"

नानक जी ने कहा-"मैं इंसान और इंसान के बीच कोई फर्क नहीं मानता। ईश्वर मनुष्य की पहचान उसके अच्छे गुणों से करता है, न कि उसके हिन्दु या मुसलमान होने के कारण।"

नवाब के पास ही शहर का काजी बैठा हुआ था। उसने कहा-"क्या आप यह जानते हैं कि एक मुसलमान को खुदा की बारगाह में सिर्फ इसलिए जगह मिल जाती है, क्योंकि वह मुसलमान है?"

नानक जी ने कहा-"मैं नहीं मानता कि किसी को सिर्फ मुसलमान होने के कारण ही खुदा की बारगाह में जगह मिल सकती है। अपने-आपको मुसलमान कहने वाले ऐसे कितने हैं, जो सच्चे मुसलमान हैं? ऐसा मुसलमान अपने संतों द्वारा बताए धर्म पर चलता है। वह गरीबों की मदद करता है। रब की रजा में खुश रहता है। सभी जीवों पर रहम करता है। ऐसा व्यक्ति ही मुसलमान कहलाने का अधिकारी है।"

नानक ने आगे कहा-"दूसरों पर दया का भाव ही ऐसे मुसलमान की मस्जिद है, धीरज ही उसका मुसल्ला है, जिस पर बैठकर वह नमाज पढ़ता है। ईमानदारी की कमाई ही उसका कुरान है, बुरे कर्मों के प्रति लज्जित होना ही उसकी सुन्नत है। शील ही उसका रोजा है, उसके अच्छे कर्म ही काबा हैं और सच्चाई ही उसका पीर है।"

काजी ने पूछा-"और पांच वक्त की नमाज के बारे में आप क्या कहते हैं?''

नानक जी ने कहा-"उसकी पहली नमाज सच्चाई है, ईमानदारी की कमाई दूसरी नमाज है, खुदा की बंदगी तीसरी नमाज है, मन को पवित्र रखना उसकी चौथी नमाज है, और सारे संसार का भला चाहना उसकी पांचवी नमाज है। हे काजी जी! जो ऐसी नमाज पढ़ता है, वही सच्चा मुसलमान है!"

उनकी बात सुनकर काजी बहुत सोच में पड़ गया। वह रोज नमाज तो पढ़ता था पर उसका मन इधर-उधर भटकता रहता था। इतने में शाम की नमाज का वक्त हो गया। नानक जी सहित सभी लोग मस्जिद में आ गए। काजी खड़ा होकर नमाज पढ़ाने लगा। जब नमाज पूरी हुई, तो नवाब ने पूछा, "आपने नमाज क्यों नहीं पढ़ी?"

नानक जी हंस दिये और बोले-"नमाज पढ़वाने वाले काजी का मन तो कहीं और था।"

काजी ने बड़े आश्चर्य से पूछा-"कहां था मेरा मन?"

नानक जी ने कहा-"काजी की गाय ने अभी बछड़ा दिया है। इनके घर के अहाते में एक कुआं है। बछड़ा खुला हुआ था। काजी जी लगातार सोच रहे थे कि बछड़ा कुएं में न गिर जाए। इन्हें तो बछड़े की चिन्ता सता रही थी। नमाज में इनका मन ही नहीं था।"

काजी और नवाब बड़े आश्चर्य से उनकी तरफ देखने लगे।

"ओर नवाब साहब!" गुरु नानक बोले-"आपका मन भी नमाज में नहीं था। जब आप नमाज पढ़ रहे थे, आपका मन काबुल में घोड़े खरीद रहा था। क्यों यह ठीक है ना?"

नवाब ने दुगुने आश्चर्य से उन्हें देखा। काजी और नवाब दोनों ही सोच रहे थे कि उनके मन की बात नानक जी को कैसे पता लगी।

नवाब ने नानक से कहा-"नानक, लोग कहते हैं तुम अजीब-अजीब-सी बातें करते हो। लोग समझते हैं तुम दीवाने हो गये हो।"

नानक ने बड़ी मस्ती भरी आवाज में कहा-"कोई मुझे भूत कहता है और कोई बेताल। कोई मुझ पर तरस खाकर कहता है कि मैं बेचारा हूं। पर मैं तो परमात्मा के नाम का दीवाना हो गया हूं। मैं उसके बिना और किसी को नहीं जानता।"

इसके बाद उन्होंने नवाब की नौकरी छोड़ दी। नवाब ने बहुत चाहा कि नानक अपना काम करते रहें; परन्तु उन्होंने कहा-"अब मैं उस स्वामी की नौकरी करूंगा, जिसके सामने सारा संसार, पशु-पक्षी, देवी-देवता, पैगम्बर-औलिया हाथ बांधे, सिर झुकाए खड़े रहते हैं। अब मैं उसी से मांगूगा जो सभी को देता है, सभी का दाता है!"

मरदाने के साथ

सुल्तानपुर में ही एक मीरासी मुसलमान नानक का मित्र बन गया था। उसका नाम था मरदाना। वह रबाब बहुत अच्छी बजाता था। नानक जब भक्तिभाव से गीत गाते, तो वह उनके साथ रबाब बजाता था। नानक के व्यक्तित्व से मरदाना इतना प्रभावित हुआ कि फिर वह उनका जीवन भर का साथी बन गया।

इस बीच नानक जी की ख्याति चारों तरफ फैल चुकी थी। कोई उन्हें बाबा नानक कहता, कोई नानकशाह फकीर और कोई गुरु नानक।

अब गुरु नानक ने घर-बार सब कुछ छोड़ दिया। इस समय भारत की जनता विदेशी आक्रमणकारियों द्वारा बुरी तरह सताई जा रही थी। ज्ञान का स्थान अंधविश्वास ने ले लिया था। सारा समाज ऊंच-नीच और जाति-पाति में बुरी तरह बंटा हुआ था। धर्म के अगुए ब्राह्मण, काजी और योगी, साधारण जनता को धर्म के नाम पर लूट रहे थे। सरकारी कर्मचारी और छोटे-बड़े जमींदार जनता का खून चूस रहे थे। जनता की ऐसी दशा देखकर गुरु नानक मरदाना को साथ लेकर जनता के बीच निकल पड़े।

पहले गुरु नानक ने दक्षिणी-पश्चिमी पंजाब की यात्रा शुरू की। यात्रा के दौरान गुरु नानक जहां भी रुकते, अपना डेरा बस्ती से बाहर ही लगाते और जो भी कंदमूल खाने को मिल जाता उसी से अपनी भूख मिटा लेते; पर मरदाना को यह सब खाने की आदत नहीं थी। वह तो अच्छा और स्वादिष्ट भोजन करना चाहता था।

एक दिन जब गुरु नानक ने देखा कि मरदाना बहुत परेशान है, तो उन्होंने उसे गांव में जाने की आज्ञा दे दी। गांव में मरदाना की बड़ी आवभगत हुई। लोगों ने उसे स्वादिष्ट भोजन तो कराया ही, साथ में बहुत तरह के सूती, ऊनी और रेशमी कपड़े तथा गरी, छुहारे, बादाम आदि अनेक प्रकार के स्वादिष्ट पदार्थ भी भेंट किए। लोगों की इस सेवा से मरदाना बड़ा प्रसन्न हुआ और सारे सामान की गठरी बांधकर गुरु नानक की ओर चल दिया। अपने साथी को सामान से लदा देखकर नानक जी

मुस्कराए और बोले-"अरे मरदाने, इतनी बड़ी गठरी कहां से बांध लाए?"

"गुरु जी!" मरदाना बड़े उत्साह से बोला-"अब कई दिनों तक हमें खाने-पीने और ओढ़ने-बिछाने की चिन्ता नहीं करनी पड़ेगी। गांव वालों ने मुझे खूब भर पेट खिलाया है और बहुत-सा सामान साथ बांध दिया है।"

गुरु नानक ने कहा-"मरदाने! यह तुमने अच्छा नहीं किया। हम तो गृहस्थ में रहकर त्याग का उपदेश देते हैं और तुमने त्याग का रास्ता अपना कर इतना लोभ किया!"

मरदाना बड़े संकोच से बोला-"पर गुरु जी! ये सभी चीजें तो लोगों ने खुद ही दी हैं। मैंने उनसे मांगी थोड़े ही थीं।"

"ये सब चीजें दूसरे लोगों को दे दो, जिन्हें इनकी हम से ज्यादा जरूरत है।" गुरु नानक ने समझाते हुए कहा-"जिस तरह दान देने वाले को अपनी धर्म की कमाई में से ही दान देना चाहिए, उसी तरह दान लेने वाले को उतना ही दान लेना चाहिए जितने की उसे जरूरत है।"

मरदाना ने वे सभी चीजें लोगों में बांट दीं।

यात्रा करते-करते गुरु नानक और मरदाना सैदपुर नामक गांव में आ निकले। यहां लालो नाम का एक बढ़ई रहता था। वह बहुत भला व्यक्ति था। मेहनत की कमाई खाता, भगवान का भजन करता और साधु-संतों की सेवा करता था। गुरु जी उसके अतिथि बने। नगर में यह बात तुरन्त फैल गई कि ऊंची जाति के दो साधु एक गरीब और छोटी जाति वाले के घर का खाना खा रहे हैं।

उसी गांव में ऊंची जाति का एक धनवान व्यक्ति रहता था। उसका नाम था मलिक भागो। उसने अपने घर पर पितर-पक्ष के अवसर पर बहुत बड़ा भोज दिया था। उसमें उसने दूर-दूर से बहुत से साधु-संतों को बुलाया था। उसने गुरु नानक को भी उस भोज के लिए न्यौता भेजा। पर गुरु जी ने उसके भोज में जाने से इनकार कर दिया। उनका इनकार सुनकर लोगों को बड़ा आश्चर्य हुआ। मलिक भागो के घर पर न्यौता खाने के लिए तो सभी लोग बड़े लालायित रहते थे, क्योंकि वहां कई तरह के पकवान खाने को मिलते थे। न्यौता लाने वाले ने पूछा-"क्यों महाराज! आप मलिक भागो के यहां जाने से इनकार क्यों कर रहे हैं? क्या आपको ऊंची जाति वालों के बजाय नीची जाति वालों का साथ अधिक अच्छा लगता है?"

गुरु नानक ने कहा-"हां, तुम ठीक कहते हो। नीच जातियों में भी जो नीचे हैं- और उनमें भी जो और नीचे हैं-मैं सदा उनके साथ हूं। मुझे बड़ी जाति वालों से

कुछ लेना-देना नहीं।"

नौकर ने जाकर मलिक भागो को गुरु नानक का यह उत्तर दिया तो वह बड़ा नाराज हुआ। उसने अपने नौकरों को आज्ञा-दी-"यदि नानक खुशी से न आएं, तो उन्हें जबरदस्ती ले आओ।"-नौकर गुरु जी के पास पहुंचे और चलने का आग्रह करने लगे। पहले तो वे तैयार नहीं हुए; परन्तु बहुत कहने पर वे कुछ सोचकर उनके साथ चल दिए। जब मलिक भागो की विशाल हवेली पर पहुंचे, तो उन्हें भोजन परोसा गया; किन्तु उन्होंने खाने से इनकार कर दिया।

मलिक भागो ने बड़े गुस्से से पूछा-"एक अछूत के घर का भोजन करने में आपको तनिक भी आपत्ति नहीं हुई। मैं तो ऊंची जाति का आदमी हूं। साथ ही मेरे पास धन-दौलत भी बहुत है। मैंने आज कितने ही तरह के पकवान बनवाए हैं। आप मेरे घर का भोजन करने से इनकार क्यों कर रहे हैं?"

गुरु नानक ने कहा-"मैं ऊंच-नीच के इस भेदभाव को नहीं मानता। मेरी दृष्टि में वह व्यक्ति ऊंचा है, जो अपनी मेहनत की कमाई खाता है और उसी में से कुछ गरीबों को दान करता है। लालो अपने गाढ़े पसीने से कमाता है और उसी में से थोड़ा-बहुत निकालकर साधु-संतों की सेवा में लगाता है। तुम्हारी कमाई में मुझे गरीबों, असहायों और बेबसों के खून के छींटे नजर आते हैं।"

कहते हैं कि इस अवसर पर उन्होंने एक हाथ में लालो की सूखी रोटी ली और दूसरे में मलिक भागो के बनाए हुए पकवान। जब उन्होंने अपनी दोनों मुट्ठियों को कसा तो सभी लोगो ने बड़े आश्चर्य से देखा कि लालो की रोटी से दूध टपक रहा है और भागो की रोटी से खून निकल रहा है।

गुरु नानक और मरदाना वहां से आगे बढ़े। घूमते-घूमते वे मुलतान की ओर निकल गए। यहां उनकी भेंट एक ऐसे ठग से हुई, जिसने अपना वेश सज्जनों जैसा बना रखा था। वह माला लिए सड़क के किनारे बैठा रहता था और रास्ते से निकलने वाले यात्रियों को कभी-कभी आंख खोल कर देख लेता था। उसने वहां एक मंदिर बना रखा था और एक मस्जिद भी। हिंदू होता तो उसे मंदिर चलने को कहता और मुसलमान होता तो मस्जिद में ले जाता। वहां वह उनकी बड़ी खातिर करता और रात में वहीं कहीं उनके सोने का इन्तजाम कर देता। फिर जैसे ही रात हो जाती, सोये हुए यात्री की हत्या करके उसकी लाश को एक कुएं में फेंक देता और उसका सारा सामान लूट लेता। सुबह होते ही घर के बाहर फिर समाधि लगाकर बैठ जाता। माला फेरने लगता और अपने नए शिकार की राह देखने लगता।

जब उसने गुरु नानक और मरदाना को आते देखा, तो उसने अपने आदमियों से कहा-"यह कोई बड़ा धनी आदमी लगता है। देखो, इसके चेहरे पर कितनी चमक है। इसके साथ बहुत अच्छा व्यवहार करो।"

उसके आदमियों ने वैसा ही किया। जब रात हुई तो उन्होंने गुरु जी और मरदाने के सोने का प्रबन्ध किया। गुरु जी ने उनकी कपट-भरी आंखों में झांका और कहा-"सोने से पहले मैं भगवान का नाम लेता हूं। आओ, तुम लोग भी मेरे पास बैठो और भगवान का भजन सुनो!"

गुरु नानक ने इस समय जो भजन गाया उसका अर्थ था-"कांसे का बर्तन ऊपर से कितना चमकता है, परन्तु जितनी बार उसे धोवें, उसमें से मैल-ही-मैल निकलता है। बाहर से हवेली की जितनी भी मीनाकारी की जाए; परन्तु भीतर से यदि वह पोली है, तो वह जल्दी ही गिर जाएगी। बगुला नदी के किनारे किसी भक्त की तरह आंख मूंदकर एक टांग पर खड़ा हो जाता है; पर उसकी नजर भोली-भाली मछलियों पर रहती है। सेमल का वृक्ष कितना ऊंचा होता है; पर उसका फल कितना फीका और पत्ते बेकार होते हैं।"

जब ठग ने गुरु नानक की यह वाणी सुनी तो उसका दिल दहल उठा। उसकी सोई हुई आत्मा जाग उठी और वह अपने बुरे कामों के लिए पछताने लगा। वह गुरु नानक के चरणों पर गिर पड़ा और रोते हुए बोला-"आपने मुझे नया जीवन दिया है। अब आप ही बताइए कि मैं अपने पापों का प्रायश्चित्त कैसे करूं?"

गुरु नानक ने कहा-"पाप की जो कमाई तुमने जमा कर रखी है, उसे निर्धनों में बांट दो और आगे से सीधा और सच्चा जीवन बिताओ।"

उसने ऐसा ही किया।

वहां से घूमते-फिरते गुरु नानक पानीपत की तरफ आ निकले। यहां पर शाह शरफ नाम के प्रसिद्ध सूफी फकीर रहते थे। गुरु नानक से उनकी भेंट हुई। शाह ने गुरु नानक से पूछा-" फकीर होकर आपने घर-गिरिस्तियों जैसे कपड़े क्यों पहने रखे हैं?"

गुरु नानक ने उत्तर दिया-"जो मनुष्य परमेश्वर के दर पर अपने सुख-स्वाद और अहंकार का त्याग करके झुक जाता है, वह जो भी वस्त्र धारण कर ले, परमात्मा उसे स्वीकार कर लेता है।"

शाह ने पूछा-"आप किस जाति के हैं और किस गत को मानते हैं?"

गुरु नानक ने कहा-"मेरी वही जाति है, जो आग और हवा की है, जो शत्रु

और मित्र में भेद नहीं करती। सच्चाई का रास्ता ही मेरा मत है।"

शाह ने फिर पूछा-"सच्चा साधु कौन है?"

"जो जीवन में ही संसार के बंधनों से मुक्त रहे। जो ईश्वर को सभी स्थानों पर देखे, जो मनुष्य और मनुष्य के बीच भेद न करे, वही सच्चा साधु है।"-गुरु नानक का उत्तर था।

शाह शरफ गुरु जी की बातचीत से बहुत प्रसन्न हुए और बोले-"हे ईश्वर के प्यारे! तुम्हारे दर्शन ने मुझे ईश्वर के दर्शन करवा दिए हैं।"

कुछ दिन बाद गुरु नानक हरिद्वार आ गए। वहां उन्होंने देखा कि लोग पूर्व दिशा में जल चढ़ा रहे हैं। गुरु जी ने एक व्यक्ति से पूछा-"आप यह जल किसे चढ़ा रहे हैं?"

वह बोला-"स्वर्ग में हमारे पितर बैठे हैं। उनकी आत्मा की शांति के लिए हम यह जल चढ़ा रहे हैं।"

गुरु नानक मुस्कराये। उन्होंने गंगा में खड़े होकर पश्चिम दिशा में पानी फेंकना शुरू किया। यह देखकर लोगों को बड़ा आश्चर्य हुआ।

"अरे, आप पश्चिम दिशा में जल क्यों चढ़ा रहे हैं?" किसी ने पूछा।

"बात यह है।"-गुरु जी ने कहा-"मैं पश्चिम का रहने वाला हूं। वहां मेरे गांव में मेरा एक खेत है। इस वर्ष ठीक से वर्षा नहीं हुई है, इसलिए मैं अपने खेत को पानी दे रहा हूं।"

सब लोग उनकी बात को सुनकर हंसने लगे। एक व्यक्ति बोला-"अरे, आप इतना भी नहीं समझते कि यहां से दिया हुआ पानी इतनी दूर नहीं पहुंच सकता।"

"अच्छा!" गुरु नानक ने कहा-"यदि मेरा पानी कुछ मील की दूरी तक नहीं जा सकता, तो आपका दिया जल परलोक में बैठे हुए पितरों तक कैसे पहुंच जाता है?"

उनकी बात सुनकर सब भोंचक्के से एक-दूसरे के मुंह की ओर देखने लगे।

वहीं पर गुरु नानक धोखे से एक ब्राह्मण के चौके में चले गए। ब्राह्मण क्रोध से जल उठा और कड़ककर बोला-"आपने मेरा चौका भ्रष्ट कर दिया है। मैं इसे नित्य धोता हूं पोंछता हूं, धूप देता हूं और अपनी जाति वालों के अलावा इसमें और किसी को नहीं आने देता।"

गुरु नानक ने कहा-"पर हे ब्राह्मण देवता! आपका चौका तो पहले से ही भ्रष्ट है। आपके अंदर क्रोध का भूत बैठा है, जो नीची जाति वालों को देखकर जलने

लगता है। आपके अंदर सुबुद्धि की डोमनी, निर्दयता की कसाइन और परनिंदा की मेहतरानी बैठी है। जब इतनी नीची जातियां तुम्हारे अंदर बसती हैं, तो चौके के बाहर लकीर भर खींच देने से पवित्रता कैसे उत्पन्न होगी?"

गुरु नानक एक नगर में अपना डेरा लगाए हुए थे। उस नगर के हजारों लोग नित्य-प्रति उनके दर्शन करने के लिए आते और उनके उपदेश सुनते थे। उस नगर का एक दूकानदार भी नित्य गुरु जी के दर्शन करने और उपदेश सुनने के लिए आया करता था। उसके एक पड़ौसी दूकानदार ने उससे एक दिन पूछा-"भाई! तुम रोज शाम को कहां जाते हो?"

"गुरु जी का उपदेश सुनने।" वह बोला।

"मुझे भी साथ ले चला करो।" दूसरे ने कहा।

पहला दूकानदार उसे साथ ले जाने के लिए राजी हो गया।

शाम को दूकान बंद करके दोनों दूकानदार गुरु जी के दर्शन करने चल दिए। रास्ते में वेश्याओं का बाजार पड़ता था। जब वे दोनों उस बाजार से निकल रहे थे, तो दूसरे दूकानदार की नजर एक वेश्या पर पड़ गई। उसका मन डोल उठा। वह पहले से बोला-"तुम गुरु जी के दर्शन करने जाओ। मैं तो इस वेश्या से मिलने जा रहा हूं।"

"यह बुरी बात है।" पहले ने समझाया। पर दूसरे ने उसकी बात पर ध्यान नहीं दिया और वेश्या के कोठे की ओर बढ़ गया। पहला गुरु जी के उपदेश सुनने के लिए चला गया।

दोनों शाम को इकट्ठे अपने घर से निकलते थे। वेश्याओं के बाजार तक दोनों साथ-साथ आते थे। वहां आकर दूसरा वेश्या से मिलने जाता और पहला गुरु जी के दर्शन करने चला जाता। लौटते समय दोनों एक ही स्थान पर मिलते और फिर साथ-साथ वापस आ जाते।

एक दिन दूसरा जब वेश्या के कोठे पर चढ़ा, तो वहां ताला लगा नजर आया। वह बहुत निराश हुआ और लौटकर रोज के स्थान पर अपने साथी की प्रतीक्षा करने लगा। बैठे-बैठे उसने अपनी जेब से चाकू निकाला और वहां की धरती खुरचने लगा। खुरचते-खुरचते उसे मिट्टी में कोई चमकती चीज दिखाई दी। मिट्टी हटाकर उसने देखा। यह एक सोने की मोहर थी। उसने सोचा, यहां और भी मोहरें हो सकती हैं। वह अपने चाकू से जगह को खुरचता रहा। कुछ देर बाद उसे एक मटका दिखाई दिया। वह मन ही मन बड़ा खुश हुआ। उसका विश्वास था कि उस मठके में मोहरें भरी होंगी। उसने बड़ी आशा से वह मटका बाहर निकाला। पर जब उसने मटके का

मुंह खोला, तो उसकी आशा निराशा में बदल गई। मटके में कोयला भरा हुआ था।

इतने में उसे पहला दूकानदार बड़ी परेशान हालत में आता दिखाई दिया। वह लंगड़ा-लंगड़ा कर चल रहा था। दूसरे ने पूछा-"क्यों भाई, क्या हुआ? बड़े परेशान दिखाई देते हो।"

पहले ने कहा-"क्या बताऊं! गुरु जी का उपदेश सुनकर जब बाहर निकला तो एक तेज कांटा पैर में चुभ गया। कांटा तो निकल गया, पर खून बंद नहीं हुआ-और बहुत दर्द हो रहा है।"

दूसरे ने कहा-"मेरा भाग्य तुमसे अच्छा है। तुम गुरु के उपदेश सुनने जाते हो, तो तुम्हें यह कष्ट मिला। मैं वेश्या के पास जाता हूं, तो देखो मुझे सोने की मोहर मिली।"

यह सुनकर पहला और परेशान हो गया। पुण्य करने वाले को कष्ट मिले और पाप करने वाले को सोने की मोहर मिले, यह तो बड़ी अजीब बात हुई!

दोनों ने निश्चय किया-"आओ, गुरु जी के पास चलकर इस बात के रहस्य का पता लगाएं।"

दोनों दुकानदार गुरु नानक के पास पहुंचे। उनकी बात सुनकर गुरु जी मुस्कराए। उन्होंने कहा-"वेश्या के पास जाने वाले दूकानदार ने पिछले जन्म में किसी जरूरतमंद व्यक्ति को एक मोहर देकर उसकी सहायता की थी, उसके बदले में इसे इस जन्म में घड़ा भर कर मोहरें मिलनी थीं; पर इस जन्म में आकर यह बुरे कर्मों में फंस गया। इसलिए इसका सोने की मोंहरों से भरा हुआ मटका कोयले में बदल गया; परन्तु जो मोहर इसने दान की थी, वह इसे उसी तरह वापस मिल गई।"

पहले दूकानदार ने पूछा-"परन्तु गुरु जी! मैं तो अच्छे कर्म करता हूं। मुझे यह कष्ट क्यों मिला?"

गुरु जी मुस्कराए-"इसका कारण भी लगभग वैसा ही है। पिछले जन्म में तुम अपने ग्राहकों को बहुत ठगते थे और जिन जरूरतमंद लोगों को रुपया उधार देते थे, उनसे बहुत ज्यादा ब्याज वसूल करते थे। उसके बदले में तुम्हें इस जन्म में सूली मिलनी थी; पर तुमने अच्छे कर्म करने शुरू कर दिए। इसलिए सूली दिन-प्रतिदिन छोटी होती चली गई और एक कांटे के रूप में बदल गई। आज तुम्हें वही कांटा चुभा है। इससे पिछले जन्म के तुम्हारे सभी पाप नष्ट हो गये हैं और तुम्हारा आगामी जीवन सुखमय बन गया है। इस तरह बुरे कर्मों से पूर्व जीवन के पुण्य समाप्त हो जाते हैं और अच्छे कर्मों से पूर्व जीवन के पाप भी धुल जाते हैं।"

पूर्वी भारत की यात्रा

गुरु नानक और उनका साथी मरदाना अब पूर्वी भारत की यात्रा करने निकल पड़े। इस समय गुरु जी ने अपनी वेशभूषा बड़ी विचित्र बना रखी थी। वे अंबुआ रंग का चोला पहने हुए थे। उस पर सफेद रंग का दुपट्टा पड़ा हुआ था। सिर पर टोपी ऐसी थी जैसी मुसलमान कलंदर पहनते हैं। साथ ही मस्तक पर उन्होंने केसरिया तिलक लगा रखा था। इस वेशभूषा का कुछ भाग हिन्दुओं जैसा था और कुछ भाग मुसलमानों जैसा। उन्हें देखकर यह अनुमान लगाना कठिन था कि वे हिन्दू हैं या मुसलमान।

पीलीभीत के पास पहुंच कर वे योगियों के प्रसिद्ध केन्द्र गोरखमता में रुक गये।

योगियों ने उनसे कहा-"बिना योग धारण किए किसी को सिद्धि प्राप्त नहीं होती।"

"आप ठीक कहते हैं।"-गुरुजी ने कहा-"बिना योग के सिद्धि प्राप्त नहीं होती; परन्तु योग है क्या? योग न तो कंठ पहनने में है, न शृंगी बजाने में, न डंडा लेने में और न शरीर पर भस्म लगाने में। जो माया के बीच रहकर, माया से अलग रहता है, वही सच्चा योगी है। ऐसा योगी कोरी बातें नहीं करता। वह सभी मनुष्यों को समान समझता है।"

यहां से चलते हुए गुरु नानक और मरदाना बनारस आ पहुंचे। सुबह का समय था। गुरु नानक और मरदाना धीरे-धीरे गंगा घाट की तरफ जा रहे थे कि तभी उनकी भेंट चतुरदास नाम के एक ईश्वर-भक्त से हुई। वह बोला-"आप किस तरह के भक्त हैं? न आपके हाथ में सुमिरनी है, न शालिग्राम है। आपकी मुक्ति कैसे होगी?"

गुरु नानक ने कहा-"चतुरदास जी! ईश्वर की पूजा ही शालिग्राम है। अच्छी करनी ही सुमिरनी है। राम-नाम का जप ही वह मार्ग है, जिससे मनुष्य की मुक्ति होती है।"

बनारस से चलकर घूमते-फिरते गुरु नानक और मरदाना गया जी पहुंचे। यहां

के पंडों ने गुरु नानक से पितरों की आत्मा की शांति के लिए श्राद्ध करने के लिए कहा।

गुरु नानक ने कहा-"परमात्मा का नाम ही मेरे लिए श्राद्ध के पिंड, पत्तल और क्रिया है। उसका नाम ही मेरा दीपक है। इसमें दुःख रूपी तेल पड़ा है, जो जलता रहता है। यह दीपक जितना जलता है, उतना ही मृत्यु का भय मुझसे दूर हटता जाता है। यहां-वहां आगे-पीछे परमात्मा का नाम ही मेरा आधार है।"

आगे बढ़ते हुए वे एक ऐसे नगर में से गुजरे जहां एक धनी व्यक्ति के यहां पुत्र-जन्म की खुशियां मनाई जा रही थीं। दूसरे ही दिन उस बच्चे की मृत्यु हो गयी। जहां एक दिन पहले-गाना-बजाना होता था, वहीं अब रोना-पीटना मचा था। यह देखकर मरदाना ने गुरु नानक से पूछा-"गुरु जी! क्या बात है कि मनुष्य कभी आनन्द में मग्न होता है और कभी दुःख में डूब जाता है? आखिर इस जीवन का उद्देश्य क्या है?"

गुरु जी ने कहा-"ज्ञान के अभाव के कारण ही मनुष्य जीवन के सुखों में दुःख को भूल जाता है। जब सुख चले जाते है। तब दुःख उसे बहुत भारी लगता है; परन्तु ईश्वर की आराधना करने वाला व्यक्ति न सुख में फूलता है और न दुःख में दुःखी होता है। वह दोनों स्थितियों में सन्तुष्ट रहता है।"

वहां से गुरु नानक मरदाना के साथ घूमते-फिरते एक गांव में पहुंचे। वहां के लोगं उन्हें देखकर बहुत खुश हुए गांव के सभी स्त्री-पुरुषों ने उनकी बड़ी सेवा की और उनके उपदेशों को बड़े ध्यान से सुना। जब गुरु नानक उस गांव से विदा लेने लगे, तो उन्होंने गांव वालों को आशीर्वाद दिया-"इस गांव में रहने वाले लोग उजड़ जाएं।"

फिर यात्रा करते-करते वे एक दूसरे गांव में पहुंचे। वहां के लोगों ने उनके साथ बिलकुल उलटा व्यवहार किया। किसी ने उनका स्वागत नहीं किया। यहां तक कि किसी ने उन्हें पानी तक के लिए नहीं पूछा। गुरु नानक और उनका साथी मरदाना जल्दी ही उस गांव से विदा हो गये। जाते-जाते गुरु जी उस गांव के लोगों को आशीर्वाद देते गये-"ये सब यहीं बसते रहें।"

उनके इस प्रकार के आशीर्वाद से मरदाना बड़े चक्कर में पड़ा। गुरु नानक के वचनो का रहस्य उनकी समझ में नहीं आया। उसने पूछ ही तो लिया- "गुरु जी, आपकी बात मेरी समझ में नहीं आई!"

नानक जी ने पूछा-"कौन-सी बात, मरदाने?"

"यही...." मरदाना बोला-"जिस गांव में हमारी आवभगत हुई, जहां के लोगों ने हमारी सेवा की, आपके उपदेश सुने-उन्हें आपने उजड़ जाने का आशीर्वाद दिया और जिस गांव में हमारा तिरस्कार हुआ, जहां के लोगों ने आपके उपदेश को ग्रहण करना तो दूर आपको पानी तक के लिए नहीं पूछा-उन्हें आपने वहीं पर सदा बसते रहने का आशीर्वाद दे दिया। इसका क्या अर्थ है?"

मरदाना की बात सुनकर गुरु नानक मुस्कराए और बोले-"मरदाने, बात बड़ी सीधी-सादी है। जो लोग अच्छे हैं, सेवा भाव वाले हैं, उन्हें एक ही जगह पर नहीं रहना चाहिए। ये लोग उजड़कर नई-नई जगहों पर बसेंगे और वहां अपने गुणों का प्रसार करेंगे; परन्तु जो लोग बुरे हैं, जो दूसरों की सेवा करने के बजाय उनका तिरस्कार करते हैं और अपने स्वार्थों में ही डूबे रहते हैं, ऐसे लोगों को एक ही स्थान पर रहना चाहिए। यदि ये लोग फैलेंगे तो अपने आचरण से दूसरे लोगों को भी भ्रष्ट करेंगे।"

अब गुरु नानक और मरदाना आसाम पहुंच गये। उसे तब कामरूप कहा जाता था। कहते हैं उन दिनों वहां स्त्रियों का ही राज था। यहां की स्त्रियां अपनी सुन्दरता और मोहिनी शक्ति के कारण बहुत दूर-दूर तक प्रसिद्ध थीं।

मरदाना कुछ भोजन-सामग्री लेने के लिए नगर में गया। जब वह महल के पास पहुंचा तो रानी ने उसे महल में बुला लिया। महल का वैभव और रानी की सुन्दरता देखकर मरदाना सब-कुछ भूल गया।

जब मरदाना काफी देर तक वापस नहीं आया, तो गुरु जी उसे ढूंढने निकले। नगर में आकर उन्हें मरदाने का समाचार मिला। वे महल में पहुंचे तो देखा, मरदाना तो पूरी तरह रानी के वश में पड़ा हुआ है।

उन्होंने रानी से कहा-"मेरे साथी को छोड़ दो!"

"आपका साथी तो अपनी इच्छा से यहां आया है।''-रानी ने कहा-"इसलिए मैं उसे नहीं जाने दूंगी।"

"सुनो!" गुरु जी ने कहा-"क्या तुम मिट्टी देकर कस्तूरी पा सकती हो?"

"नहीं।"-रानी ने कहा-"मिट्टी देकर कस्तूरी कैसे मिलेगी?"

"इसी तरह बुरे आचरण से सच्चे प्रिय का मिलन कैसे होगा?" उन्होंने कहा-"तुम्हारे मन में यदि प्रिय के मिलन की भूख है, तो पहले अपना चाल-चलन तो सुधारो।"

परन्तु कामरूप की रानी और उसकी सहेलियां अपनी सुन्दरता और

धन-सम्पत्ति के नशे में डूबी हुई थीं। उन्होंने गुरु नानक को अपनी सुन्दरता और सोना-चांदी तथा सुन्दर-सुन्दर वस्त्र दिखाकर ललचाने की कोशिश शुरू कर दी।

गुरु जी ने यह देखकर कहा-"ऐ मूर्खाओ! इन सब चीजों का तुम इतना अभिमान क्यों करती हो? अपने मन में हरि के प्रेम का रस भरो। वही सबका स्वामी है। यह बाहरी रूप-शृंगार सब बेकार है। अपनी आंखों में ईश्वर के भय रूपी सुरमे की सलाई लगाओ, ईश्वर के भक्ति-भाव का ही शृंगार करो। सच्ची सुहागिन तभी समझी जाओगी जब ईश्वर रूपी पति से प्रेम करोगी।"

रानी उनके उपदेशों से बहुत प्रभावित हुई और अपनी भूल के लिए उनसे क्षमा मांगने लगी। गुरु जी ने कहा-"यदि तुम अपने सभी कामों में ईश्वर को सदैव याद रखोगी तो तुम्हारा भला होगा।"

कामरूप से गुरु नानक और मरदाना ब्रह्मपुत्र नदी के रास्ते से वापस मुड़े और अनेक स्थानों की यात्रा करते हुए जगन्नाथपुरी पहुंचे। यहां के सुप्रसिद्ध मंदिर में संध्या के समय जगन्नाथ जी की आरती होने लगी। चांदी के थालों में दीपक जलाकर आरती हो रही थी। धूप की सुगंध से सारा वातावरण महक रहा था। गुरु जी सबकुछ देखते हुए चुपचाप खड़े थे। उन्हें संसार के स्वामी की यह आरती बहुत छोटी जान पड़ी। उन्होंने अपनी आंखें आकाश की ओर उठाईं और एक नई आरता का गायन करने लगें, जिसका भावार्थ था-

"आकाश रूपी थाल में सूरज और चंद्रमा रूपी दीपक जल रहे हैं। आकाश में झिलमिलाते हुए तारे उस थाल में जड़े हुए मोती हैं। मलय पर्वत की ओर से आती हुई वायु धूप का काम कर रही है। पवन चंवर डुला रहा हैं। सम्पूर्ण वनस्पति पूजा के फल बन गई है। अनहद नाद भेरी का काम कर रहा है। हे ईश्वर! तुम्हारी ऐसी अद्भुत आरती हो रही है।"

गुरु नानक और मरदाना को घर से निकले हुए कई वर्ष हो चुके थे। मरदाना घर जाने को बहुत व्याकुल हो रहा था और बार-बार वापस चलने का आग्रह कर रहा था। गुरु जी ने उसकी बात मान ली और वे दोनों पंजाब की ओर वापस मुड़ चले।

रास्ते में उनकी भेंट एक पाखंडी साधु से हुई। वह आंखें बंद करके बैठा हुआ था। उसके चारों ओर भीड़ लगी हुई थी। उसके शिष्य कह रहे थे-"महात्मा जी बहुत पहुंचे हुए हैं। ये त्रिकालदर्शी हैं इन्हें भूत, वर्तमान और भविष्य का सब हाल पता है। इनकी आंखें बंद हैं, पर ये सभी कुछ देख सकते हैं।"

लोग बड़ी श्रद्धा से उनकी बातें सुन रहे थे और महात्मा जी पर खूब

दान-दक्षिणा चढ़ा रहे थे। गुरुनानक और मरदाना भी काफी देर तक भीड़ में खड़े होकर यह तमाशा देखते रहे, फिर उन्होंने मरदाना को कुछ इशारा किया। मरदाना आगे बढ़ा और उसने साधु के आगे रखे हुए कमण्डल को उठाकर उसके पीछे रख दिया।

नानक जी ने पूछा-"महाराज आपका कमण्डल कहां है?"

साधु ने बंद आंखों से बहुत अनुमान लगाए, उसके शिष्यों ने भी बहुत से इशारे किए, पर वह यह नहीं बता सका कि कमण्डल कहां है।

देखने वाले हंसने लगे।

गुरु जी ने कहा-"पाखंड करके दुनिया को धोखे में डाला जा सकता है, पर परमात्मा को तुम किस प्रकार धोखा दोगे?"

अपने घर वापसी

गुरु नानक और मरदाना कई वर्ष बाद लौटे। गुरु नानक को देखकर उनकी माता की आंखों में आंसू भर आए। पिता भाव-विह्लल हो उठे। पत्नी की खुशी का ठिकाना न रहा। दोनों लड़के, श्रीचंद और लक्ष्मीचंद, उससे आकर लिपट गए। मरदाना भी अपने परिवार के लोगों से मिला। कुछ समय दोनों ने अपने परिवार के साथ बिताया और फिर अगली यात्रा पर चल पड़े।

इस यात्रा के दौरान पाक पत्तन में गुरु नानक प्रसिद्ध सूफी फकीर शेख इब्राहीम से मिले।

शेख जी ने पूछा-"नानक जी! आप कहते हैं कि परमात्मा एक है। यह तो ठीक है; परन्तु उसे पाने के रास्ते दो हैं। आदमी किसे छोड़े, किसे अपनाए?"

गुरु जी ने कहा-"शेख जी! परमात्मा एक है और उसे पाने का रास्ता भी एक है। मनुष्य को सच्चा मार्ग पहचानना चाहिए।"

शेख जी ने पूछा-"वह छुरी कौन-सी है, जिससे दी गई बलि खुदा के दरबार में मंजूर होती है?"

गुरु जी ने कहा-"सच की छुरी हो, ईश्वर के नाम की उस पर सान चढ़ाई जाए, गुणों की म्यान में उसे रख दिया जाए। ऐसी छुरी से जो भी कटता है, वह ईश्वर के दरबार में मंजूर किया जाता है।"

शेख इब्राहीम से बिदा होकर गुरु नानक और मरदाना गोइंदवाल नाम के गांव में पहुंचे। गांव के बाहर एक कोढ़ी रहता था। वह उन्हें अपनी झोंपड़ी में ले गया और उसने उनकी बड़ी सेवा की। लोग उस कोढ़ी से घृणा करते थे और कोई उसके पास नहीं जाता था। गुरु नानक और मरदाना को अपनी झोंपड़ी में लाकर वह कोढ़ी बहुत खुश हुआ।

उसने पूछा-"हे गुरुदेव, मुझे इस भयानक रोग ने क्यों जकड़ रखा है? क्या

कभी मैं इस रोग से छुटकारा पा सकूंगा?"

गुरु जी ने कहा-"ईश्वर को भुला देने और उसके नियमों की अवहेलना करने से हमें रोग जकड़ लेते हैं। शरीर के रोग तो दवा-दारू से चाहे दूर भी हो जाएं; परन्तु आत्मा के रोग ईश्वर रूपी अग्नि को अपने अन्दर जलाने से ही नष्ट होते हैं।"

गुरु नानक और मरदाना ने उस रोगी की खूब सेवा की और वह कुछ दिनों में पूरी तरह निरोग हो गया।

यात्रा करते-करते गुरु नानक लाहौर पहुंचे, यहां दुनीचंद नाम का एक करोड़पति रहता था। जब उसने गुरु जी के आने की खबर सुनी, तो वह उन्हें बड़े आदर से अपने घर ले गया। वह अपने पिता का श्राद्ध कर रहा था और अपने घर पर उसने एक विशाल ब्रह्म-भोज का प्रबंध किया था।

गुरु जी ने देखा, दुनीचंद के दरवाजे पर बहुत-सी झंडियां बंधी हुई हैं।

उन्होंने पूछा-"ये झंडियां क्यों बांध रखी हैं?"

उन्हें बताया गया-"एक झंडी का मतलब है. एक लाख रुपये। जितनी झंडियां है, दुनीचंद के पास उतने ही लाख रुपये हैं।"

गुरु जी कुछ सोचने लगे। फिर उन्होंने दुनीचंद को बुलाकर कहा-"मेरे पास एक सुई है। इसे मैं तुम्हारे पास रखता हूं। यह मेरी अमानत है। मैं परलोक में यह सुई तुमसे ले लूंगा।"

दुनीचंद यह सुनकर बड़े आश्चर्य में पड़ा। उसने पूछा-"गुरु जी, यह कैसे संभव है? इस लोक की चीज उस लोक में कैसे जा सकती है?

गुरु जी ने कहा-"दुनीचंद! एक छोटी-सी सुई भी दूसरे लोक में नहीं जा सकती तो तुम अपनी सम्पत्ति का इतना अभिमान क्यों कर रहे हो? इतना दिखावा क्यों कर रहे हो? यह तुम्हारे साथ किस तरह जाएगी?"

दुनीचंद यह सुनकर बहुत लज्जित हुआ।

यहां से चलकर गुरु नानक और मरदाना रावी के तट पर उस स्थान पर पहुंचे, जहां अब करतारपुर नगर है। यहां वे कुछ दिनों तक टिके रहे और लोगों को उपदेश देते रहे।

यहां उनके पास एक बालक रोज आता था और बड़ी श्रद्धा से उनका उपदेश सुनता था। एक दिन गुरु जी का ध्यान उसकी तरफ गया। वे बोले-"तुम तो इतनी छोटी उमर में ही परमात्मा के ध्यान में डूबे रहते हो। तुम्हें यह लगन कैसे लगी?"

उसने कहा-"गुरु जी! एक बार मैंने अपनी मां को चूल्हा जलाते हुए देखा।

मैंने देखा बड़ी लकड़ियों के बजाय छोटी लकड़ियों में आग जल्दी लगती है। यह देखकर मैंने सोचा कि मैं भी तो छोटी लकड़ी की तरह ही हूं। संसार की बुराइयों की आग मुझे पहले पकड़ेगी। इसीलिए मैं अभी से आपकी शरण में आ गया हूं।"

गुरु जी उसका उत्तर सुनकर बड़े प्रसन्न हुए और बोले-"अरे, तुम तो बिलकुल बुड्ढों की तरह ज्ञान की बातें करते हो।"

तब से उस बालक का नाम "बाबा बुड्ढा" पड़ गया।

करतारपुर में कुछ समय बिताने के बाद गुरु नानक ने दक्षिण भारत की यात्रा शुरू की। अनेक स्थानों पर रुकते, लोगों को उपदेश देते हुए और अनेक तरह के अंध-विश्वासों और पाखंडों का खंडन करते हुए गुरु नानक और मरदाना लंका तक पहुंच गये। वहां पहुंचकर उन्होंने राजा के बाग में डेरा लगा लिया। राजा को पता लगा कि उत्तर भारत से एक बड़े महात्मा आये हैं तो वह उनसे मिलने के लिए बाग में आया।

"क्या आप योगी हैं?" राजा ने पूछा।

"हां......।" गुरु नानक ने कहा-"मैं अपने ढंग का योगी हूं। मैं मानता हूं कि योगी वह है, जिसका मन निर्मल हो, जो ईश्वर के प्रेम में डूबा हुआ हो और जिसके मन की चंचलता दूर हो गयी हो।"

"क्या आप ब्राह्मण हैं?''-राजा ने पूछा।

"ब्राह्मण वह है जो ब्रह्म के ज्ञान रूपी जल में स्नान करता है।"-गुरु नानक ने कहा-"वह उस एक परमशक्ति को ही पहचानता है, जो दोनों लोकों में समाया हुआ है।"

"क्या आप व्यापारी हैं?"-राजा ने फिर पूछा।

"हां; मैं जीभ की डंडी से दिल के पलड़े में अतौल ईश्वर को सदैव तोलता रहता हूं।"-नानक ने उत्तर दिया।

राजा उनके सम्मुख नतमस्तक हो गया।

लंका में कुछ समय बिताने के बाद गुरु नाकक और मरदाना पंजाब की ओर मुड़े।

रास्ते में एक योगी ने उनसे पूछा-"लोग आपको ऋषियों-सिद्धियों का स्वामी समझते हैं। कोई चमत्कार हमें भी दिखाइए।"

गुरु नानक ने कहा-"मेरे पास दो ही प्रकार के चमत्कार हैं। 'शब्द का रंग' और 'गुरु का संग' इन्हीं की सहायता से मैं मनुष्य का मन बदल देता हूं। यदि मैं और

तरह के चमत्कार करने लगूं तो इससे मनुष्य को क्या लाभ होगा? मनुष्य का सबसे बड़ा सुख यही है कि ईश्वर की कृपा के द्वार उसके लिए खुल जाए।"

कुछ दिन बाद गुरु नानक़ और मरदाना ने उत्तराखंड की यात्रा शुरू की। पंजाब से चलकर वे कश्मीर पहुंचे। वहां से हिमालय कौ पर्वतमाला से होते हुए सुमेरु पर्वत तक पहुंच गए। यहां बहुत से सिद्ध और योगी साधना में लगे हुए थे। गुरु नानक और मरदाना को वहां देखकर उन्हें बहुत आश्चर्य हुआ।

उन्होंने पूछा-"आप कहां से आए हैं? भारत की स्थिति इस समय कैसी है?"

गुरु जी ने उत्तर दिया-"देश की स्थिति अच्छी नहीं है। राजा कसाइयों की तरह निर्दयी है। धर्म पंख लगाकर उड़ गया है। चारों ओर अमावस का अंधेरा छाया हुआ है। सच्चाई का चन्द्रमा कहीं दिखाई नहीं देता।"

गुरु नानक और मरदाना कई दिन तक सिद्धों से बातचीत करते रहे। एक दिन एक सिद्ध ने पूछा-"संसार तो एक अथाह सागर है। इससे बच कर कैसे जाया जा सकता है?"

"जैसे जल में कमल या नदी में मुर्गाबी निर्लिप्त रहती है, उसी तरह। जिसने अपने मन में ईश्वर के नाम को बसा रखा है, वह बिना किसी संकट के इस संसार सागर को पार कर जाता है।"

कुछ दिन तक सिद्धों से चर्चा करने के बाद गुरु नानक और मरदाना देश की ओर वापस मुड़े। रास्ते में वे हसन अब्दाल नाम की जगह पर रुके। यहां एक छोटी-सी पहाड़ी पर वली कंधारी नाम का फकीर रहता था।

"गुरु जी! बहुत प्यास लगी है।'-मरदाना ने कहा।

गुरु जी ने इधर-उधर देखा और कहा-"मरदाने, नीचे तो कहीं पानी दिखाई नहीं देता। ऊपर पहाड़ी पर एक चशमे का पानी है। वहां एक फकीर रहता है। उसी के पास चले जाओ। वह तुम्हें पानी पिला देगा।"

मरदाना पहाड़ी की ओर चल दिया। फकीर की कुटिया के पास पहुंच कर उसने आवाज लगाई-'फकीर जी!.... फकीर जी!!"

वली कंधारी बाहर आया और आंखें तरेर कर बोला-"कौन है तू?"

"मैं मरदाना हूं।"-उसने कहा-"मुझे बड़ी प्यास लगी है। मुझे थोड़ा पानी पिला दीजिए।"

"नहीं है यहां पानी-वानी।" -पली कंधारी बड़े गुस्से से बोला-"भाग जा यहां से।"

मरदाना निराश होकर वापस मुड़ चला।

गुरु जी ने पूछा-"क्यों मरदाने, पानी मिला?"

"नहीं महाराज!" वह बोला-"यह फकीर तो बड़ा क्रोधी मालूम पड़ता है। मुझे बिना पानी के ही उसने भगा दिया।"

गुरु नानक मुस्कराए और बोले-"अच्छा मरदाने! उस सामने की बड़ी चट्टान के नीचे जो पत्थर रखा है, उसे उठाओ।"

"क्यों महाराज?"- मरदाना ने आश्चर्य से पूछा।

"मैं जो कहता हूं, वह करो।"-गुरु जी ने शांत भाव से कहा।

मरदाना ने कुछ जोर लगाकर बह पत्थर उठाया, फिर एकदम खुशी से चीख उठा-"गुरु जी! पानी....पानी!"

पत्थर के नीचे से स्वच्छ पानी का चश्मा निकल आया था, पर सबसे अधिक आश्चर्य और संयोग की बात यह थी कि जैसे-जैसे नीचे का पानी तेज होता जा रहा था, वैसे-वैसे पहाड़ी के ऊपर का चश्मा सूखता जा रहा था।

जब वली कंधारी ने अपना चश्मा सूखता देखा तो उसे बड़ा गुस्सा आया। उसने क्रोध में आकर पहाड़ी से एक बड़ा-सा पत्थर गुरु जी की ओर लुढ़का दिया।

"गुरु जी! बचिए!.....बचिए!" - पत्थर आता देखकर मरदाना चीखा।

"तुम चिन्ता न करो।" गुरु जी ने आते हुए पत्थर को देखा और जब वह पास आ गया, तो उन्होंने उसे अपने हाथ से रोक दिया।

इस घटना की स्मृति में उसी स्थान पर 'पंजा साहब' नाम का प्रसिद्ध गुरुद्वारा बना, जो अब पाकिस्तान में है।

पवित्र मुस्लिम स्थलों की ओर

गुरु नानक लगभग सभी प्रमुख वैष्णव, शैव, जैन, बौद्ध तीर्थों की यात्रा कर चुके थे। अब उन्होंने मुसलमानों के पवित्र स्थानों की यात्रा का विचार किया। उन्होंने और मरदाना ने हाजियों जैसे नीले कपड़े पहने। उन्हीं की तरह बगल में एक किताब दबाई। हाथ-पैर धोने के लिए कूजा और इबादत करने के लिए मुसल्ला अपने साथ लिया। अब वे पूरी तरह एक हाजी लगते थे।

जब वे बहुत लम्बी यात्रा तय करके अन्य बहुत से हाजियों के साथ मक्का पहुंचे, तो बहुत थक गए थे। उनके पैरों में छाले पड़ गए थे और रात उतर आई थी। वे लेट गए। उनके पैर अनायास उस ओर पसर गए जिधर पवित्र काबा था। हज करने के लिए आया हुआ कोई व्यक्ति इस तरह नहीं करता। एक मुल्ला ने यह देखा, तो उसे बड़ा क्रोध आया। वह चीखकर बोला-"तुम हज करने आए हो और तुम्हें यह भी पता नहीं कि तुम खुदा के घर की तरफ पैर करके पड़े हो!"

उन्होंने बड़ी शांति से कहा-"अरे भाई, जिस ओर खुदा का घर न हो, उस तरफ मेरे पैर कर दो।"

मुल्ला ने क्रोध में भरकर उनके पैर घसीटकर दूसरी तरफ कर दिए, पर मुल्ला कुछ ही क्षण में आश्चर्य से ठगा-सा रह गया, क्योंकि उसने जिस तरफ उनके पैर किए थे, उसे उसी तरफ काबा दिखाई दे रहा था। कहते हैं कि उसने जिस तरफ उनके पैर घुमाये, उसे उसी तरफ काबा घूमता दिखाई दिया।

मक्का में कुछ दिनों तक हाजियों, मुल्लाओं से चर्चा करने के बाद गुरु नानक और मरदाना मदीने की तरफ चल दिए। वहां से वे बगदाद पहुंचे। बगदाद से अफगानिस्तान की यात्रा करते हुए गुरु नानक और मरदाना हिन्दुस्तान वापस आ गए। जब वे मुलतान पहुंचे, तो वहां के फकीरों ने उनके आगमन का समाचार सुनकर उनके पास दूध से लबालब भरा हुआ एक कटोरा भेजा। इसका अर्थ यह था कि यहां

पहले ही बहुत पीर-फकीर भरे हुए हैं। आपकी गुंजाइश कहां है?

गुरु नानक ने उस कटोरे पर चमेली का फूल रखकर वापस भेज दिया। इसका अर्थ था-मैं यहां इस दूध पर चमेली के फूल की तरह बिना किसी बोझ के सुगंध बनकर रहूंगा।

वहां से आगे बढ़ते हुए गुरु नानक और मरदाना सैदपुर पहुंचे। इन्हीं दिनों बाबर ने हिन्दुस्तान पर चढ़ाई की थी। बाबर के सैनिक सैदपुर भी जा पहुंचे। सारा शहर लूट लिया गया और जो कत्ल होने से बच गया, उसे कैद कर लिया गया। मुंगल सिपाहियों ने गुरु नानक और मरदाने को भी कैद कर लिया और इन दोनों को भी दूसरे कैदियों कौ तरह काम पर लगा दिया। गुरु नानक को चक्की पीसने के लिए दी गई और मरदाना को घोड़ों की साईसी पर लगा दिया गया। परन्तु जहां अन्य कैदी रोते-चीखते हुए अपनी बेगार करते थे वहां गुरु नानक मस्ती से भरे ईश्वर के भजन गाते रहते थे।

जब बाबर के सेनापति मीरखान को इस बात का पता लगा तो उसने इस बात की सूचना बाबर को दी। बाबर ने कहा-"मैं ऐसे फकीर का दीदार करना चाहता हूं।"

जब गुरु नानक को बाबर के सामने लाया गया, तो उन्हें देखकर बाबर का सिर झुक गया। उसने क्षमा मांगते हुए कहा-"मेरे सिपाहियों ने अनजाने ही आप जैसे फकीर को दुःख पहुंचाया है। मैं शर्मिन्दा हूं। अब आप आज़ाद हैं।"

गुरु नानक ने कहा-"एक मैं ही तो नहीं जिस पर आपके सिपाहियों ने जुल्म ढाए हैं। जब तक कैद किए गए सभी लोगों को नहीं छोड़ दिया जाता, मैं आज़ाद होकर क्या करूंगा?"

यह सुनकर बादशाह ने सभी बंदियों को छोड़ देने की आज्ञा दे दी।

गुरु नानक अपने जीवन के लगभग पच्चीस वर्ष दूर-दूर के देशों की यात्रा करते हुए गुजार चुके थे। उनकी आयु लगभग साठ वर्ष की हो चुकी थी। अब वे एक स्थान पर रुककर अपने विचारों का प्रचार करना चाहते थे। उसके लिए उन्होंने करतारपुर नामक स्थान को चुना। वर्षों से बिछुड़ा हुआ उनका परिवार भी यहीं आकर उनके पास रहने लगा।

करतारपुर में लाखों लोग उनके उपदेश सुनने के लिए आते। देखते-देखते यह एक महत्त्वपूर्ण तीर्थ-स्थान बन गया।

इन लाखों लोगों में लहिणा नाम का एक व्यक्ति भी था, जिसने एक बार गुरु

की वाणी सुनी, तो उसी से मोहित होकर सदा के लिए उन्हीं के पास रह गया।

लहिणा जी सदा गुरु नानक की सेवा करने में लगे रहते। एक दिन वे खेत से जानवरों के लिए कटिया काट कर ला रहे थे। कीचड़ से उनके कपड़े लथपथ हो गए थे। यह देखकर गुरु नानक जी की पत्नी सुलखनी जी ने कहा-"लहिणा जी हमारे अतिथि हैं। आप इनसे ऐसे छोटे काम क्यों करवाते हैं? देखिए, इनके कपड़ों का क्या हाल हो गया है।"

गुरु जी ने मुस्कराते हुए कहा-"तुम्हें यह कीचड़ नजर आता है, पर यह तो केसर है, जिसे ईश्वर ने इसके कपड़ों पर छिड़क दिया है।"

इन्हीं दिनों गुरु नानक का जीवन भर का साथी मरदाना उन्हें सदा के लिए छोड़कर परलोक सिधार गया।

गुरु नानक जी की आयु अब लगभग सत्तर वर्ष की हो चुकी थी। वे अपने काम को किसी योग्य व्यक्ति को सौंपना चाहते थे। लहिणा जी उनकी सेवा में कई वर्ष से थे। गुरु नानक उनकी योग्यता को परख चुके थे। अपने दोनों पुत्रों में उन्हें इस योग्य कोई नहीं दिखाई देता था। अंत में उन्होंने लहिणा जी को अपना उत्तराधिकारी बनाने का फैसला कर लिया।

भाई लहिणा जी को अपना उत्तराधिकारी बनाने से पहले गुरु नानक ने उनकी बड़ी कठिन परीक्षा ली। गुरु नानक जी के दोनों पुत्र-श्रीचंद और लक्ष्मीचंद समझते थे कि उनमें से किसी को यह गद्दी मिलेगी। उनके और भी शिष्य थे। उनका खयाल था कि गुरु नानक उनमें से किसी को चुनेंगे, परन्तु गुरु नानक ने चुनाव किया भाई लहिणा का।

एक बार गुरु नानक ने जान-बूझकर एक कटोरा कीचड़ में फेंक दिया। कुछ देर में उनके दोनों बेटे उधर आ निकले। गुरु जी ने एक से कहा-"कीचड़ से वह कटोरा तो निकाल लाओ।"

"अभी किसी नौकर को बुलाता हूं।"-वह बोला और नौकर को बुलाने चल दिया।

गुरु जी मुसकराए। वे दूसरे पुत्र से बोले-"चलो, तुम्हीं यह कटोरा निकाल लाओ।"

"अच्छी बात है।"-वह बोला और इधर-उधर किसी लम्बे बांस की खोज करने लगा। ज़िसकी मदद से बिना कपड़े खराब किए वह कटोरा निकाला जा सके।

इतने में भाई लहिणा वहां आ गए। गुरु जी बोले "क्यों भाई, लहिणे, तुम यह

कटोरा निकाल सकते हो?"

"क्यों नहीं, गुरु जी!"-लहिणा जी ने कहा और बिना किसी बात की चिन्ता किए झटपट कीचड़ में जाकर कटोरा निकाल लाए।

गुरु जी ने मुसकराते हुए अपने बेटों की ओर देखा।

इसी तरह गुरु नानक जी ने एक बार अपना बड़ा भयानक रूप बनाया। उन्होंने शिकारियों जैसे कपड़े पहन लिए, दो-एक तेज हथियार ले लिए। उनके साथ कुछ शिकारी कुत्ते भी हो लिए। यह रूप बनाकर वे जंगल की ओर चल दिए। उनके पुत्र, भाई लहिणा और बहुत-से शिष्य भी उनके साथ चल दिए।

सब लोग साथ तो चल दिए पर किसी को यह पता नहीं था कि गुरु जी कहां जा रहे हैं और क्यों जा रहे हैं। जंगल में पहुंचकर वे बोले-"मैं यहां शिकार खेलने आया हूं जो भी मेरे साथ रहेगा, उसे शिकार करना पड़ेगा।"

उनका यह उग्र रूप देखकर कुछ लोग बहुत घबराए और वहीं से वापस मुड़ गए। बचे हुए लोगों को साथ लेकर गुरु जी आगे बढ़े। कुछ दूर जाने पर उन्हें रास्ते में बहुत-से पैसे बिखरे हुए दिखाई दिए। कुछ शिष्य लालच में आ गए। उन्होंने जल्दी-जल्दी पैसे बटोरना शुरू कर दिया। गुरु जी आगे बढ़ते गए। पैसे बटोरने वाले लोग पैसे लेकर अपने घर वापस आ गए।

कुछ और दूर जाने के बाद रास्ते पर रुपये पड़े हुए मिले। बचे हुए शिष्यों में कुछ लोग रुपयों के लालच में आ गए। वे रुपये उठाने लगे। जब रुपये उठा चुके, तो उन्होंने देखा कि गुरु जी शेष शिष्यों सहित आगे जा चुके हैं। उन्होंने रुपये अपनी जेबों में भर लिए और वापस लौट पड़े।

जो शिष्य गुरु जी के साथ आगे गए थे, कुछ और दूर जाकर उन्होंने देखा कि रास्ते में सोने की अशर्फियां पड़ी हैं। उनमें से कुछ मन ही मन बड़े खुश हुए। उन्होंने अशर्फियां उठानी शुरू कर दीं। जब अशर्फियां उठा चुके तो देखा कि गुरु जी बहुत आगे जा चुके हैं।

अब गुरु जी के साथ बहुत थोड़े शिष्य, दोनों पुत्र और भाई लहिणा जी रह गए। जब वे कुछ और आगे पहुंचे, तो उन्होंने देखा कि रास्ते में एक मुर्दा रखा हुआ है। उसके चारों ओर चार दीपक जल रहे हैं। मुर्दा एक सफेद चादर से ढका हुआ है।

गुरु जी उस मुर्दे के पास जाकर रुक गए। उनके साथ के लोग भी वहीं खड़े हो गए और इस बात की राह देखने लगे कि देखें, गुरु जी अब क्या आज्ञा देते हैं।

गुरु जी कुछ देर सोचते रहे फिर गरज कर बोले-"हमारे साथ कोन रहना

चाहता है?"

सभी ने बड़े उत्साह से कहा-"हम रहना चाहते हैं"।

"तो इस मुर्दे को खाओ"।-गुरु जी ने और तीखी आवाज में कहा।

यह सुनकर सब सन्न रह गए। मुर्दे को भला कौन खा सकता है? उनमें से दो-एक लोग तो खिसकने लगे और बाकी बचे लोगों ने अपना सिर झुका लिया।

"कौन खाएगा यह मुर्दा?"-गुरु जी फिर जोर से बोले।

"मैं खाऊंगा सत गुरु!"-भाई लहिणा दोनों हाथ जोड़कर उनके सामने आ गए-"आज्ञा दीजिए। इस मुर्दे को सिर की तरफ से खाना शुरू करूं या पैरों की तरफ से?"

"बीच से।"-गुरु जी ने आज्ञा दी।

भाई लहिणा ने गुरु जी को प्रणाम किया और मुर्दे की तरफ बढ़े। गुरु जी के दोनों पुत्र और बचे हुए शिष्य बड़े भय और अचंभे से उन्हें देख रहे थे। लहिणा जी ने मुर्दे के ऊपर से चादर हटाई तो सभी का आश्चर्य से मुंह खुला रह गया। वहां मुर्दा नहीं था। वहाँ तो स्वादिष्ट प्रसाद रखा हुआ था।

लहिणा जी प्रसाद का थाल उठा कर गुरु जी के पास ले आए और बोले-"गुरु जी, पहले आप प्रसाद ग्रहण करें, फिर मैं खाऊंगा।"

गुरु जी लहिणा जी की भक्ति देखकर बहुत प्रसन्न हुए। उन्होंने कहा-"तुम्हें यह पवित्र प्रसाद इसलिए मिला है, क्योंकि दूसरों के साथ बांट कर खाना जानते हो। जो व्यक्ति ईश्वर की दी हुई सम्पत्ति का केवल अपने ही हित के लिए उपयोग करता है उसके लिए वह सम्पत्ति सड़े हुए मुर्दे के समान है। तुमने मेरे रहस्य को पा लिया है। तुम मेरा ही रूप हो। मेरे ही अंग में से जन्मे हो-इसलिए आज से तुम अंगद हो।"

अपने जीवन का अंतिम समय निकट देखकर गुरु नानक ने लहिणा जी को गुरु पद पर आसीन कर दिया। उनका नया नामकरण कर दिया गया-अंगद, गुरु अंगद।

फिर वह क्षण भी आ गया जब गुरु जी की आत्मा अपने विशाल स्वरूप में लीन होने के लिए व्याकुल हो उठी। सारी संगत ने 'कीर्तन सोहिला' नामक वाणी का पाठ करना शुरू कर दिया। संगत पाठ करती रही और गुरु नानक समाधि में लीन हो गए।

उनकी ज्योति परमेश्वर की ज्योति में विलीन हो गई। पर उनके उपदेशों की ज्योति आज भी जगमगा रही है।

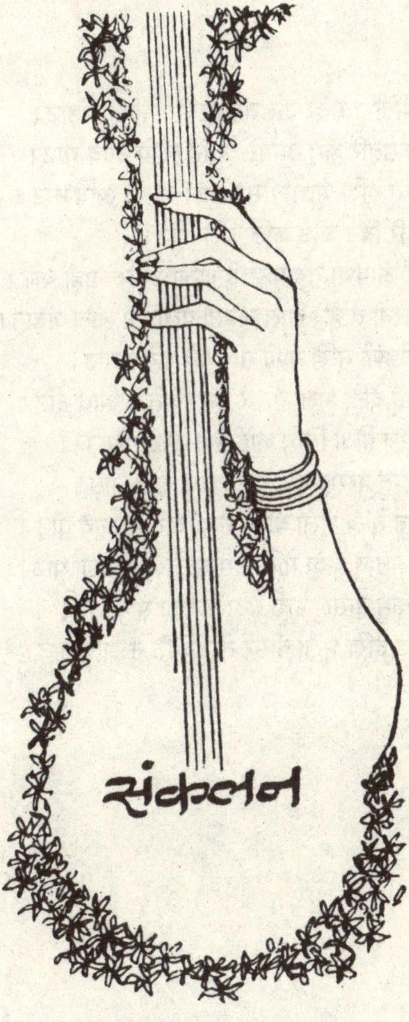
संकलन

मोती त मंदर ऊसरहि रतनी त होहि जड़ाउ।
कसतूरि कुंगू अगरि चंदनि लीपि आवै चाउ।
मतु देखि भूला बीसरै तेरा चिति न आवै नाउ॥
हरि बिनु जीउ जलि बलि जाउ।
मैं आपणा गुरु पूछि देखिआ अवरू नाहीं थाउ।
धरती त हीरे लाल जड़ती पलछिन लाल जड़ाउ।
मोहणी मुखि मणी सोहै करे रंगि पसाउ।
मतु देखि भूला बीसरै तेरा चिति न आवै नाउ॥
सिधु होवा सिधि लाई रिध आखा आउ।
गुपतु परगटु होइ वैसा लोकु राखै भाउ॥
मतु देखि भूला बीसरै तेरा चिति न आवै नाउ॥
सुलतानु होवा मेलि लसकर तखति राखा पाउ।
हुकमु हासलु करी बैठा नानका सभ वाउ।
मतु देखि भूला बीसरे तेरा चिति न आवै नाउ।

मोती के घर बनाये गये हों और उनमें रत्न जड़े गए हों। वे घर कस्तूरी, केशर, अगर और चंदन आदि से इस प्रकार लिपे हों, जिससे मन प्रसन्न हो। हे प्रभू, यह सब कुछ देखकर मैं भुलावे में न पड़ूं, जिससे तुम्हारा नाम ही मेरे चित्त में न आवे।

हरि के बिना यह जीव नष्ट हो जाए। मैंने अपने गुरु से भली-भांति पूछ कर देख लिया है कि हरि के बिना मेरा और कोई आश्रय नहीं है।

पृथ्वी हीरों और लालों से जड़ी हो और पलंग भी लालों से जड़े हुए हों। मन मोहित करने वाली सुन्दर स्त्री हो जिसके मुख पर मणियां सुशोभित हों और आनन्द का प्रसार कर रही हो। हे प्रभू! यह सब देख कर भी मैं भुलावे में न पड़ूं, जिससे तुम्हारा नाम ही मेरे चित में न आवे।

यदि मैं सिद्ध हो जाऊं, सिद्धियां प्राप्त कर लूं, ऋद्धियों को अपने पास आने की आज्ञा दूं। इन चमत्कारिक शक्तियों के आधार पर मैं कभी गुप्त हो जाऊं, कभी प्रकट हो जाऊं, लोग मुझे श्रद्धा की दृष्टि से देखने लगें। हे प्रभु! यह सब देखकर भी मैं भुलावे में न पड़ूं जिससे तुम्हारा नाम ही मेरें चित्त में न आवे।

मैं सुल्तान हो जाऊं, लश्कर एकत्र कर लूं, और राजसिंहासन पर पैर रखकर हुक्म देने का अधिकार प्राप्त कर लूं। नानक कहते हैं, हे प्रभु! यह सब वायु की भांति चंचल है। यह सब ऐश्वर्य देखकर भी मैं भुलावे में न पड़ूं, जिससे तुम्हारा नाम ही मेरे चित्त में न आवे।

लबु कुता कूड़ु चूहड़ा ठगि खाधा मुरदारु ॥
पर निंदा पर मलु मुखसुधी अगनि क्रोधु चंडालु ॥
रस कस आपु सलाहण ए करम मेरे करतार ॥
बाबा बोलीऐ पति होइ।
ऊतम से दरि ऊतम कहीअहि नीच करम बहि रोइ ॥
रसु सुइना रसु रूपा कामणि रसु परमल की वासु।
रसु घोड़े रसु सेजा मंदर रसु मीठा रसु मासु।
एते रस सरीर के कै घटि नाम निवाण ॥
जितु बोलीऐ पति पाईऐ सो बोलिआ परवाशु।
फिका बोलि विगुचणा सुणि मूरख मन अजाण।
जो तिसु भावहि से भले होरि कि कहण वखाण ॥
तिन मति तिन पति तिन धनु पलै जिन हिरदै रहिआ समाइ।
तिनका किआ सालाहणा अवर सुआलिउ काइ।
नानक नदरी बाहरे राचहि दानि न नाइ ॥

लालच कुत्ता है, झूठ भंगी है, ठग कर खाना मरे हुए पशु को खाने के समान है। पराई निंदा मुंह में गिरी पराई मैल है। क्रोध की अग्नि ही चांडाल है। हे कर्त्तार, आत्म-श्लाघा ही विविध प्रकार के कसैले रस हैं।

हे बाबा, इस प्रकार की वाणी बोलिए जिससे मान प्राप्त हो। परमात्मा के द्वारा पर उत्तम पुरुष उत्तम समझे जाते हैं और नीच वहां बैठकर रोते हैं। सोने का रस है, चांदी का रस है, चंदन का रस है, घोड़े का रस है, सेजों का रस है, महलों का रस हे, मिठाई का रस है, मांस का रस है। जो शरीर इस प्रकार के रसों में डूबा हुआ है, उस शरीर में प्रभु नाम का निवास कैसे होगा?

जैसा बोलने से सम्मान प्राप्त हो, वैसा बोलना ही स्वीकृत होता है। ऐ अनजान और मूर्ख मन! सुन, फीका बोलना नाश का कारण है, जो परमेश्वर को अच्छे लगते हैं, वही अच्छे हैं। अन्य व्यक्तियों का कहना कुछ अर्थ नहीं रखता।

जिनके हृदय में परमात्मा समाया हुआ है उन्हीं के पास सद्बुद्धि है, प्रतिष्ठा है, धन है। उनकी क्या प्रशंसा की जाए? उनके अतिरिक्त और कौन सुन्दर है? नानक कहते हैं-प्रभु की कृपा के बिना न दान रुचिकर लगता है, न प्रभु का नाम।

जाति मोहु घसि मसु करि मति कागदु करि सारु।
भांउ कलम करि चितु लेखारी गुर पूछि लिखु बीचारु॥
लिखु नामु सालाह लिखु लिखु अन्तु न पारावारु।
बाबा एहु लेखा लिखि जाणु।
जिथै लेखा मंगीऐ तिथै होई सचा नीसाणु॥
जिथै मिलहि वडिआईआ सद खुसीआ सद चाउ।
तिन मुखि टिके निकलहि जिन मनि सचा नाउ॥
करमि मिलै ता पाईए नाही गली वाउ दुआउ॥

मोह को जलाकर उसकी स्याही बनाओ, बुद्धि को श्रेष्ठ कागज बनाओ, भाव को लेखनी और चित्त को लेखक। गुरु से पूछकर विचारपूर्वक उस बेअंत और असीम परमात्मा का नाम लिखो, उसकी स्तुति करो।

बाबा, इस प्रकार का लिखना जानो। जहां तुम्हारे कर्मों का लेखा मांगा जाएगा वहां इसी लेखन को सच स्वीकार किया जाएगा।

वहां बड़ाई होगी, सदैव खुशी होगी, सदा आनन्द होगा। जिनके मन में उसका नाम है, वही तिलक से सुशोभित होंगे। उसकी कृपा होने पर ही नाम की प्राप्ति होती है, व्यर्थ की इधर-उधर की बातों से नहीं।

गुणवंती गुण वीथरै अउ गुणवंती झूरि।
जे लोडहि बरु कामणी नह मिलिए पिर कूरि॥
ना बेडी ना तुलहडा ना पाईऐ पिरु दूरि॥
मेरे ठाकुर पूरै तखति अडोलु।
गुरमुखि पूरा जे करे पाईऐ साचु अतोलु॥

गुणवती स्त्री अपने गुणों का विस्तार करती है किन्तु अवगुणों वाली स्त्री दुःखी होती है। हे आत्मा रूपी कामिनी! यदि तुम प्रभु रूपी पति को पाना चाहती हो, तो वह झूठे साधनों से प्राप्त नहीं होगा। प्रियतम दूर है और तेरे पास न नाव है, न छोटी किश्ती।

मेरे प्रभु का अडोल सिंहासन है। पूरे गुरु की बताई हुई युक्ति से ही उस सच्चे और अतोल प्रभु की प्राप्ति हो सकती है।

धृगु जीवणु दोहागणी मुट्ठी दूजै भाइ।
कलर केरी कंध जिउ अहिनिसि करि ढहि पाइ॥
बिनु सबदै सुखु ना थिऐ पिर बिनु दुक्खु न जाइ॥
मुंधे पिर बिनु किया सीगारु॥
दरिधरि ढोई ना लहै दरगह झूठु खुआरु॥

उस दोहागिनी (पति से बिछुड़ी) के जीवन को धिककार है जो द्वैत भाव के कारण उसी प्रकार नष्ट हो रही है; जिस प्रकार लोन लगी दीवार रात-दिन गिरती रहती है। बिना शब्द (प्रभु नाम) के सुख नहीं मिलता और प्रभु-रूपी पति के बिना दुःख नहीं जाता।

हे मुग्धे, प्रियतम के बिना शृंगार कैसा? तुम्हें तो किसी भी घर के द्वार पर आश्रय नहीं मिलेगा, और पति (प्रभु) के द्वार पर तुम्हारा झूठ लज्जित हो जाएगा।

वणजु करहु वणजारिहो बखरू लेहु सँभालि।
तैसी वसतु विसाहिऐ जैसी निबहै नालि॥
अगै साहु सुजाणु है लैसी बसतु सँभालि॥
भाई रे रामु कहहु चितु लाइ।
हरिजसु बखरू लै चलहु सहु देखे पतिआइ।
जिना रासि न सचु है किउ तिना सुखु होइ॥
खोटै वणजि वणैजिऐ मनु तनु खोटा होइ।
फाही फाथे मिरग जिउ दूखु घणो नित रोइ॥
खोटे पीतै न पवहि तिन हरिगुर दरसु न होई।
खोटे जाति न पाति है खोटि न सीझसि कोइ॥
खोटे खोटु कमावणा आइ गइआ पति खोइ।
नानक मनु समझाइए गुर कै सबदि सलाह॥
रामनाम रंगि रातिआ भारु न भरमु तिनाह।
हरि जपि लाहा आगला निरभउ हरि मन माह॥

हे व्यापारियो ! व्यापार करो, सौदे को अच्छी तरह संभाल लो। ऐसी वस्तु खरीदो जो अंत तक साथ निभ सके। आगे (परलोक में) बड़ा सयाना साहु (परमात्मा) है। वह बहुत संभाल कर वस्तु लेगा।

रे भाई ! चित्त लगा कर राम कहो। हरि-यश रूपी सौदे को लेकर चलो, जिसे देखकर साहु (परमात्मा) तुम्हारा विश्वास कर सके।

जिनके पास सत्य की पूंजी नहीं है, उन्हें किस प्रकार सुख प्राप्त हो सकता है? खोटा व्यापार करने से तन और मन खोटे हो जाते हैं। ऐसे व्यक्ति की दशा जाल में फंसे हुए हिरन जैसी हो जाती है और नित्य रोना पड़ता है।

खोटे व्यक्ति (खोटे सिक्कों की भांति) परमात्मा रूपी खजाने में नहीं लिये जाते। उन्हें हरि रूपी गुरु का भी दर्शन नहीं होता। खोटे लोगों की कोई जाति-पांति नहीं होती। खोटे व्यक्तियों से कोई भी कार्य सिद्ध नहीं होता। खोटे व्यक्ति खोटा ही काम करते हैं और आवागमन के साथ ही अपनी प्रतिष्ठा भी खो देते हैं।

नानक कहते हैं कि गुरु-शब्द द्वारा प्रभु की स्तुति करो। जो राम नाम के रंग में रंगे हैं उन्हें न कोई बोझ होता है, न भ्रम। हरि-स्मरण से निर्भय हरि मन में बसता है और लाभ प्राप्त होता है।

तू दरीआउ दाना बीना मैं मछुली कैसे अंतु लहा।
जह जइ देखा तह तह तू हैं तुझ ते निकसी फूटि मरा॥
न जाणा मेउ न जाणा जाली। जा दुखु लागै ता तुझे समाली॥
तू भरपूरि जानिआ मै दूरि। जो कुछ करी सु तेरै हदूरि॥
तू देखहि हउ मुकरी पाउ। तेरै कंमि न तेरै नाइ॥
जेता देहि तेता हठ खाउ। बिआ दरू नाही कै दरि जाउ॥
नानकु एक कहे अरदासि। जीउ पिंडु सभु तेरै पासि॥
आपे नेडै दूरि आपै ही आपे मँझि मिआनो।
आपे बेखै सुणै आपे ही कुदरति करे जहानो॥
जो तिसु भावै नानका हुकमु सोई परवानो॥

हे प्रभु, तू समुद्र के समान गहरा और विशाल है। मैं जीवात्मा मछली के समान हूं, भला तुम्हारा अंत कैसे पा सकती हूं। मैं जहां-जहां देखती हूं, वहां तू ही तू है। तुझसे बिछुड़कर मैं जीवित नहीं रह पाती। न मैं मृत्यु रूपी मल्लाह को जानती हूं और न मायारूपी जाल को। जब मुझे दुख लगता है तो तुझी को स्मरण करती हूं। तू सर्वत्र व्याप्त है, मैं अज्ञानवश तुझे दूर समझती रही। मैं जो कुछ भी करती हूं वह सब तेरी समीपता में ही होता है। तुम सब कुछ देखते हो, पर मैं उस पर विश्वास नहीं रख पाती। इसलिए न मैं तेरे काम की हूं, न तेरे नाम की। तुम जो कुछ देते हो, मैं वही खाती हूं। तुम्हारे अतिरिक्त मेरा कोई और ठिकाना नहीं है। नानक की एक ही अरदास है-मेरा जीव और पिंड सभी तुम्हारे हैं।

तुम्हीं निकट हो, दूर हो और मध्य में हो। स्वयं देखते हो, स्वयं सुनते हो और स्वयं ही सृष्टि की रचना करते हो। हे प्रभु, जो तुम्हें अच्छा लगता है, तुम्हारा वही हुक्म हमें स्वीकार है।

एहु मनो मूरख लोभीआ लोभे लगा लोभानु।
सबदि न भीज साकता दुरमति आवनु जानु॥
साधू सतगुरु जे मिलै ता पाईऐ गुणी निधानु॥
मन रे, हउमै छोडि गुमानु।
हरिगुरु सरवरु सेवि तू पावहि दरगह मानु॥
रामनामु जपि दिनसु राति गुरमुखि हरि धनु जानु॥
समि सुख हरि रस भोगणे संत सभा मिलि गिआनु॥
निति अतिनिसि हरि प्रभु सेविआ सतगुरि दीआ नामु॥
कूकर कुडु कमाईऐ गुरनिंदा पचै पचानु।
भरमे भूला दुखु घणो जमु मारि करै खुलहानु॥
मनमुखि सुखु न पाईऐ गुरमुखि सुकु सुभानु॥
एथै धंधु पिटाईऐ सचु लिखत परवानु॥
हरि सजणु गुरु सेवदा गुर करणी परधानु॥
नानक नामु व वीसरै करमि सचै नीसाणु॥

यह मन मूर्ख और लोभी है और लोभ में लुभायमान हो रहा है। यह माया में लिप्त है इसलिए इसका मन गुरु शब्द में भीगता नहीं। अपनी इस दुर्गति के कारण यह जन्म-मरण के चक्कर में पड़ा रहता है। यदि इसे साधु या सद्गुरु की प्राप्ति हो जाए तो गुणों का भंडार प्राप्त हो जाए।

ऐ मन, तू अहंकार छोड़ दे। हरि-गुरु रूपी सरोवर की सेवा करो तो तुम्हें ईश्वर के द्वार पर मान प्राप्त होगा।

गुरुमुख व्यक्ति हरि को ही अपना धन समझता है और राम नाम जपता है। हरि रस में ही सभी सुखों का आस्वाद है। यह ज्ञान संतों की संगति से प्राप्त होता है। सतगुरु के दिए हुए नाम द्वारा प्रभु की अहर्निश सेवा करो।

हरि-विमुख व्यक्ति कुत्ते की तरह झूठ कमाता है और गुरु-निंदा द्वारा अपने आपको नष्ट करता रहता है। वह भ्रम में भटकता हुआ महान दुःख पाता है और अंत में यम का शिकार बनता है। मनमुख को सुख नहीं मिलता और गुरुमुख सदा सुखी रहता है।

सांसारिक धंधों में सच का व्यापार ही स्वीकृत होता है। हरि का प्रेमी गुरु की सेवा करता है और गुरु के आचरण को आदर्श मानता है। नानक कहते हैं, ऐसे व्यक्ति को कभी परमात्मा का नाम नहीं भूलता और उस पर ईश्वर की कृपा का निशान अंकित हो जाता है।

कूड़ु बोलि मुरदारू खाइ। अवरी नो समझावणि जाइ।
मुठा आपि मुहाए साथै। नानक ऐसा आगू जापै॥
जे रतु लगै कपडै जामा होइ पलीतु।
जो रतु पीवहि माणसा तिन किउ निरमलु चीतु॥
नानक नाउ खुदाइ का दिलि हछ मुखि लेहु।
अवरि दिवाजे दुनी के झूठे अमल करेहु॥

जो मनुष्य झूठ बोलकर, दूसरों का हक खाता है, तथा इसके विपरीत समझाता है, ऐसे उपदेशकर्त्ता की कलई खुल जाती है। वह स्वयं तो ठगा ही जाता है, अपने साथियों को भी लुटवा देता है।

यदि कपड़े पर खून लग जाए तो वह अपवित्र हो जाता है। परन्तु जो लोग मनुष्यों का खून पीते हैं (उनका शोषण करते हैं) उनका चित्त किस प्रकार निर्मल रह सकता है?

है नानक, खुदा का नाम अच्छे दिल और अच्छे मुख से लो और दुनियावी काम दिखावे के हैं, जिन पर तुम झूठ ही अमल करते हो।

मिहर मसीति सिदकु मुसला हकु हलालु कुराणु।
सरम सुंनति सीलु रोजा होहु मुसलमाणु॥
करणी काबा सचु पीरू कलमा करम निवाज।
तसबी सा तिसु भावसी नानक रखै लाज॥
हकु पराइआ नानका उसु सूअर उस गाइ।
गुरु पीरु हामा ता भरे जा मुरदारु न खाइ।
गली भिसति न जाईऐ छुटै सचु कमाइ।
मारण पाहि हराम महि होइ हलालु न जाइ॥
नानक गली कूडीई कुडो पलै पाइ॥

दया को अपनी मस्जिद बनाओ, श्रद्धा को मुसल्ला, हक की कमाई को कुरान, लज्जा को सुन्नत मानो और शील-स्वभाव का रोज़ा रखो, तब तुम सच्चे मुसलमान बनोगे।

तुम्हारा आचरण ही काबा है, सच ही पीर है, कर्म ही कलमा और नमाज है। जो बात खुदा को अच्छी लगे, वही तुम्हारी तसबीह (जप की माला) है। नानक कहते हैं, खुदा ऐसे लोगों की ही लज्जा रखता है।

हे नानक, पराया हक मुसलमान के लिए सुअर और हिन्दू के लिए गाय है। गुरु और पीर उसी व्यक्ति की हामी भरते हैं जो बेईमानी की कमाई नहीं खाता। केवल लम्बी बातें करने से बहिश्त नहीं जाया जा सकता। सच की कमाई करने से ही छुटकारा होगा। हराम के मांस में चतुराई का मसाला डाल देने से वह हलाल नहीं बन जाता। झूठी बातें करने से झूठ ही पल्ले पड़ता है।

मुसलमान कहावणु मुसकलु जा होइ ता मुसलमाणु कहावै।
अवलि अउलि दीन करि मिठा मसकलमाना मालु मुसावै॥
होइ मुसलिमु दीन मुहाणै मरण जीवण का भरमु चुकावै।
रब की रजाइ मंने सिर उपरि करता मंने आपु गवावै॥
तउ नानक सरब जीआ मिहरंमति होइ त मुसलमाण कहावै॥

अपने आप को मुसलमान कहना बहुत मुश्किल है। जो ऐसा है वही मुसलमान कहला सकता है। सबसे पहले वह औलियाओं द्वारा बताए मजहब को प्रिय माने। जैसे मिस्कल से लोहे का जंग साफ किया जाता है, उसी प्रकार अपनी कमाई को बांट कर अपना मन स्वच्छ करे। इस प्रकार दीन के बताए मार्ग पर चलकर वह सच्चा मुसलमान बने और जीवन-मरण का भ्रम समाप्त कर दे। वह रब की रजा को सिर माथे स्वीकार करे, कर्त्ता को माने और अपना अहंकार नष्ट कर दे। इस प्रकार, हे नानक! वही व्यक्ति मुसलमान कहला सकता है, जो सभी जीवों पर मेहरबान हो।

सो जीविआ जिसु मनि वसिआ सोइ।
नानक अवरु न जीवै कोइ॥
जे जीवै पति लथी जाइ।
सभु हरामु जेता किछु खाइ॥
राजि रंगु मालि रँगु रगि रता नचै नंगु॥
नानक ठगिआ मुठा जाइ।
विणु नावै पति गइआ गवाइ॥

किआ खाधै किया पैधै होई। जा मनि नही सचा सोइ॥
किआ मेवा किआ घिउ गुड़ु मिठा किआ मैदा किआ मासु।
किआ कपड़ु किआ सेज सुखाली कीजहि भोग बिलास॥
किआ लसकर किआ नेब खवासी आवै महली वासु।
नानक सचे नाम विणु सभे टोल विणासु॥

वही मनुष्य जीता है जिसके मन में परमात्मा बसा हुआ है; अन्य का जीना, जीना नहीं है। जो व्यक्ति संसार में सम्मानहीन होकर जीता है, उसका सब खाना-पीना हराम है। जो व्यक्ति राज्य-सुख और धन-सुख के रंग में रंगे हुए हैं, वे उसके उन्माद में नंगा नाच करते हैं। हे नानक, प्रभु के नाम बिना ठगा जाता है, लूटा जाता है और इज्जत गंवा कर संसार से चला जाता है।

यदि मन में सच्चे प्रभु का वास नहीं है, तो खाने-पहनने से क्या होगा? क्या हुआ यदि मेवे, घी, मीठा गुड़, मैदा या मांस के पदार्थ तुम्हें उपलब्ध हैं? क्या हुआ यदि सुन्दर कपड़े और भोग-विलास के लिए सुखद सेज तुम्हें मिल गयी है? क्या हुआ यदि तुम्हें लश्कर, नायक और सरकारी नौकर मिल गये और महलों में निवास हो गया? हे नानक, परमात्मा के नाम के बिना सभी पदार्थ नश्वर हैं।

कलि काते राजे कासाई धरमु पंखु करि उडिआ।
कूडु अमावस सचु चंद्रमा दीसै नाही कह चडिआ॥
हउ भालि विकुंनी होई।
आधेरै राहु न कोई॥
विचि हउमै करि दुखु रोई।
कहु नानक किनि बिधि गति होई॥

कलियुग छुरी की तरह है, इस युग के राजे कसाई हैं, धर्म पंख लगा कर उड़ गया है, झूठ की अमावस छाई हुई है, इसमें सच्चाई का चन्द्रमा कहीं दिखाई नहीं देता। मैं उस चन्द्रमा को ढूंढ़-ढूंढ़ कर व्याकुल हो गयी हूं। अंधेरे में कोई मार्ग नहीं सूझता। जीवात्मा अहंकार के दुःख में रो रहा है। हे नानक! इस दुःखपूर्ण स्थिति से किस प्रकार छुटकारा हो?

अवरि पंच हम एक जना किउ राखउ घर बारु मना।
मारहि लूटहि नीत-नीत किसु आगै करी पुकार जना।
स्रीराम नाम उचरु मना आगै जमदलु विखमु घना॥
उसारि मडोली राखै दुआरा भीतरि बैठी साधना।
अंमृत केल करे नित कामणि अवरि लुटेनि सुपंचजना॥
ढाहि मडोली लूटिआ देहुरा साधन पकडी एक जना।
जम डंडा गलि संगलु पडिआ भागि गए से पंच जना॥
कामणि लोडै सुइना रूपा मित्र लुडेनि सु खाधाता।
नानक पाप करे तिन कारणि जासी जमपुरि बाधाता॥

वे लोग तो पांच-काम, क्रोध, लोभ, मोह और अहंकार-हैं, मैं अकेला व्यक्ति हूं, हे मेरे मन! मैं अपने घर-बार की रक्षा किस प्रकार करूं? वे पांचों मुझे नित्य प्रति मारते हैं और लूटते हैं। मैं किसके आगे गुहार करूं? हे मन! श्रीराम-नाम का उच्चारण करो। आगे यमदूतों का बहुत ही भयानक दल खड़ा है।

यह (शरीर रूपी) मठ बनाकर इसमें (दस) दरवाजे रखे गये हैं। अंदर जीव रूपी स्त्री बैठी है। यह स्त्री अपने को अमर मानकर सांसारिक क्रीड़ाओं में लगी रहती है और पांचों ठग इसे लूटते रहते हैं।

एक व्यक्ति (यमदूत) ने आकर (शरीर रूपी) मठ को गिरा दिया, ऐश्वर्य को लूट लिया, (जीव रूपी) स्त्री को पकड़ लिया। यम के डंडे सिर पर पड़ने लगे, गले में सांकलें पड़ गयीं और पांचों ठग भाग गये।

लोग सुन्दर स्त्री, सोना-चांदी की कामना करते हैं, मित्रों तथा अच्छे भोजन की इच्छा करते हैं। हे नानक! लोग इन्हीं के कारण पाप करते हैं। ऐसे लोग यमपुरी में बांधे जाते हैं।

हरणी होवा बनि बसा कंद मूल चुणि खाउ।
गुर परसादी मेहुसरा मिलै वारि-वारि हउ जाउ जीउ ॥
मैं बनजारनि राम की। तेरा नामु वखरू वापारु जी ॥
कोकिल होवा अंबि बसा सहजि सबद बीचारु।
सहजि सुभाइ मेरा सहु मिलै दरसनि रूपि अपारु ॥
मछुली होवा जलि बसा जीअ जंत सभि सारि।
उरवारि पारि मेरा सहु वसै हउ मिलउगी बाह पसारि ॥
नागनि होवा घर वसा सबदु वसै भउ जाइ।
नानक सदा सोहागणी जिन जोती जोति समाइ ॥

यदि मैं हिरनी होऊं, वन में वास करूँ और कंद-मूल खाऊं, फिर भी गुरु की कृपा से मेरा प्रियतम मिले, तो मैं उस पर बार-बार बलिहार जाऊं।

मैं राम-नाम की बंजारिन हूं l हे प्रभु, तेरे नाम का सौदा ही मेरा व्यापार है।

यदि मैं कोयल होऊं और आम के वृक्ष पर निवास करूं तो उस स्थिति में भी सहज भाव से गुरु-शब्द पर विचार करूं। सहज भाव से ही मेरा प्रियतम मिले और मैं उसके अपार रूप के दर्शन करूं।

यदि मैं मछली होऊं और जल में निवास करूं, उस स्थिति में भी, सभी जीवों की चिन्ता करने वाला और इहलोक तथा परलोक में निवास करने वाला मेरा प्रियतम मिले तो मैं बांहें पसार कर मिलूं।

यदि मैं नागिन होऊं और धरती में निवास करूं, तो भी मेरे मन में सदैव गुरु-शब्द का वास रहे और सभी भय नष्ट हो जाएं। हे नानक! वे (स्त्रियां) सदैव सुहागिनी हैं, जो परमात्मा की ज्योति में लीन रहती हैं।

विदिआ बीचारी तां परउपकारी।
जां पंच रासी तां तीरथ वासी॥
घुंघरू बाजै जे मनु लागै।
तउ जमु कहा करे मो सिउ आगै॥
आस निरासी तउ संन्यासी।
जां जतु जोगी तां काइया भोगी॥
दइया दिगंबरु देह बीचारी।
आपि मरे अवरा नह मारी॥
एकु तू होरि वेस बहुतेरे।
नानकु जाण चोज न तेरे॥

जो व्यक्ति विद्या को विचार-सहित ग्रहण करता है, वही परोपकारी है। जो व्यक्ति पंच ज्ञानेन्द्रियों को वशीभूत करता है वही सच्चा तीर्थवासी होता है।

यदि मन प्रभु में लग जाए तो (सदैव अनाहत) घुंघरू बजता रहता है। ऐसी स्थिति में आगे यम मेरा क्या कर लेगा!

जो व्यक्ति आशा-निराशा से मुक्त हो जाता है, वही वास्तविक सन्यासी है। जिस योगी में संयम होता है वही अपनी काया का सही भोग कर पाता है।

जिसमें दया है, देह का विचार है, वही सच्चा 'दिगम्बर' है। जो अहंकार को मार लेता है, वह दूसरों को नहीं मारता।

हे प्रभु! तू तो एक ही है, किन्तु तेरे रूप अनेक हैं। नानक तेरे सभी खेल नहीं जान सकता।

लख लसकर लख वाजे नेजे लख उठि करहि सलामु।
लखा उपरि फुरमाइसि तेरी लख उठ राखहि मानु॥
जां पति लेखै ना पवै तां सभि निराफल काम॥
हरि के नाम बिना जगु अंधा॥
जे बहुता समझाईऐ भोला भी सो अंधो अंधा॥
लख खटीअहि लख संजीअहिं खाजहि लश आवहि लख जहि।
जां पति लेखै ना पवै तां जीअ किथै फिरि पाहि॥
लख सासत समझावणी लख पंडित पढहि पुराण।
जां पति लेखै ना पवै तां सभे कुपरवाण॥
सच नामि पति उपजै करमि नामु करतारु॥
अहिनिसि हिरदै जे बसै नानक नदरी पारु॥

चाहे तुम्हारे पास लाखों लश्कर हों, लाखों बाजे-गाजे हों, लाखों व्यक्ति तुम्हें सलाम करते हों, लाखों के ऊपर तुम्हारा हुक्म चलता हो, लाखों-उठ-उठकर तुम्हारा मान करते हों-इतना ऐश्वर्य होने पर भी यदि तुम पति परमेश्वर के लेखे में नहीं तो तुम्हारे सारे कार्य निष्फल ही हैं।

हरि के नाम के बिना संसार प्रपंच मात्र है। यदि इस मूर्ख को बहुत समझाया जाए तो भी निपट अंधा ही बना रहता है।

चाहे लाखों कमाए जाएं, लाखों का संग्रह किया जाए, लाखों खर्च किए जाएं, लाखों आएं, लाखों जाएं-परन्तु यदि सब पति परमेश्वर के लेखे में नहीं है, तो जीव का कोई सहारा नहीं है।

चाहे शास्त्र लाखों बातें समझाएं, पंडित लाखों धर्म-ग्रन्थों को पढें; परन्तु यदि यह सब कुछ पति परमेश्वर के लेखे में नहीं है, तो उसकी स्वीकृति नहीं होगी।

ईश्वर की कृपा से नाम उपजता हैं और जीव को मान प्राप्त होता है। हे नानक! यदि नाम रात-दिन हृदय में बसा है तो उसकी कृपा से जीव संसार-सागर से पार हो जाता है।

मनु मोती जे गहणा होवे पउणु होवै सूतधारी।
खिमा सीगारु कामणि तनि पहिरै रावै लाल पिआरी।
लाल बहुगुणि कामणि मोही। तेरे गुण होहि न अवरी॥
हरि हरि हारु कंठि ले पहिर दलोदरु दंतु लेई।
करि करि करता कंगन पहिरै इन विधि चितु धरेई॥
मधुसूदनु कर मुंदरी पहिरै परमेसरु पटु लेई।
धीरजु धडी बंधावै काणणि स्रीरंगु सुरमा देई॥
मन मंदरि जे दीपकु जाले काइआ सेज करेई।
गिआन राउ जब सेजे आवै त नानक भोगु करेई॥

श्वास-रूपी सूत के धागे से मन-रूपी मोती को गूंथ कर गहना बनाया जाए, क्षमा को श्रृंगार बनाकर स्त्री उसे अपने शरीर पर धारण करे, तब वह अपने प्रिय की प्यारी बनती है। हे प्रभु! तुम्हारे गुण और किसी में नहीं हैं, इसलिए जीवात्मा रूपी स्त्री तुम्हारे अगणित गुणों पर मोहित होती है।

वह हरि के नाम को कंठ-हार बनाती है, दामोदर नाम को दंदासा बनाती है, हाथ में कर्त्ता के नाम का कंगन पहनती है-इस प्रकार वह अपने चित्त को एकाग्र करती है।

वह हाथ में मधुसूदन नाम की मुद्रिका पहनती है, परमेश्वर नाम के वस्त्र पहनती है, धैर्य को अपनी मांग की पट्टी बनाती है, श्रीरंग के नाम का सुरमा लगाती है।

वह मन-मंदिर में विवेक का दीपक जलाती है, अपनी काया को सेज बनाती है, तब ज्ञान के राजा (प्रभु) उसकी सेज पर आकर रमण करते हैं।

खुरासान खसमाना कीआ हिंदुसतानु डराइआ।
आपै दोसु न देई करता जमु करि मुगलु चडाइआ॥
एती मार पई करलाणै तै की दरदु न आइया॥
करता तू सभना का सोई।
जे सकता सकते कउ मारे ता मनि रोसु न होई॥
सकता सीहु मारे पै वगै खसमै सा पुरसोई।
रतन विगाडि विगोए कुर्ती मुइआ सार न काई।
आपै जोडि विछोडे आपै वेखु तेरी वडिआई॥

(बाबर ने सन् 1521 में ऐमनाबाद पर आक्रमण कर उसे नष्ट-भ्रष्ट कर दिया था और असंख्य लोगों को मौत के घाट उतार दिया गया था। गुरु नानक ने इस आक्रमण को अपनी आंखों से देखा था। उस स्थिति के प्रति अपना आक्रोश व्यक्त करते हुए उन्होंने अनेक पद लिखे थे।)

हे प्रभु! बाबर के राज्य खुरासान को तुमने अपना समझा और बाबर के द्वारा हिंदुस्तान को आतंकित कर दिया। हे कर्त्ता! तुमने अपने ऊपर दोष न लेने के लिए मुगल को यम बना कर चढ़ाई के लिए भेज दिया। निरीह लोगों को इतनी मार पड़ी कि वे क्रन्दन कर उठे; परन्तु तुम्हारे मन में उनके लिए कोई दर्द उत्पन्न नहीं हुआ। हे स्वामी! तू तो सभी का कर्त्ता है। यदि कोई शक्तिशाली किसी शक्तिशाली को मारता है तो मन में रोष नहीं उत्पन्न होता।

पर यदि शक्तिशाली सिंह निरपराध पशुओं के झुंड पर आक्रमण कर उन्हें मारता है, तो उन पशुओं के स्वामी को कुछ तो पुरुषार्थ दिखाना चाहिए। इन कुत्तों ने हीरे के समान देश को बिगाड़ कर रख दिया। मृत्यु के बाद कोई इनका नाम भी नहीं लेगा। हे प्रभु! तुम स्वयं ही मिलाते हो और स्वयं ही अलग कर देते हो। यही तुम्हारी बड़ाई है।

जिन सिरि सोहनि पटीआ मांगी पाइ संधूर।
से सिर काती मुंनीअन्हि गल विचि आवै धूडि।
महला अंदरि होदीआ हुणि बहणि न मिलन्ह हदूरि॥
आदेसु बाबा आदेसु॥
आदि पुरख तेरा अंतु न पाइआ करि करि देखहि वेस।
जदहु सीआ वीआहीआ लाडे सोहनि पासि।
हीडोली चडि आईआ दंद खंड कीते रासि॥
उपरहु पाणी वारीऐ झले झिमकनि पासि॥
इकु लखु लहन्हि बहिठीआ लखु लहन्हि खडीआ।
गरी छुहारे खांदीआ माणन्हि सेजडीआ॥
तिन्ह गलि सिलका पाईआ तुटन्हि मोतसरीआ॥
धनु जोबनु दुइ वेरी होए जिन्ही रखे रंगु लाइ।
दूता नो फुरमाइआ लै चलै पति गवाइ॥
जे तिसु भावै दे वडिआई, जे भावै देइ सजाइ॥
अगो दे जे चेतीऐ तां काइतु मिलै सजाइ।
साहां सुरति गवाइआ रंगि तमासै चाइ॥
बाबरवाणी फिरि गई कुइरु न रोटी खाइ॥
इकता वखत खुआइअहि इकन्हा पूजा जाइ।
चउके विणु हिंदवाणीआ किउ टिके कढहि नाइ॥
रामु न कबहू चेतिओ हुणि कहणिन मिलै खुदाइ।
इकि घरि आवहि आपणै इक़ि मिलि पुछहि सुक्ख।
इकन्हा एहा लिक्खिआ बहि बहि रोवहि दुक्ख॥
जो तिसु भावै सो थीऐ नानक किआ मानुख॥

(बाबर के अत्याचारी सैनिकों ने) उन स्त्रियों के केश काट कर धूल भर दी है, जिनकी मांग में स्वर्ण पट्टी और सिंदूर सुशोभित था। वे महलों में निवास करती थीं; किन्तु उन्हें अब कहीं बैठने का स्थान नहीं मिलता।

हे बाबा! तुम्हें नमस्कार है। हे आदि पुरुष! तेरा अंत नहीं पाया जाता, तुम नाना भांति के वेश धारण कर लेते हो।

वे स्त्रियां विवाहिता थीं और अपने पतियों के पास सुशोभित थीं। वे पालकियों में बैठकर आई थीं और हाथी दांत के टुकड़ों से जड़ी थीं। उनके ऊपर पानी छिड़का जाता था और जड़ाऊ पंखे उनके पास झिलमिल करते थे।

लाख रुपये तो उनके खड़े होने पर और लाख रुपये उनके बैठने पर निछावर किये जाते थे। वे गरी-छुहारे खाती थीं, सेजों पर रमण करती थीं। अब उनके गले में रस्सी पड़ी हुई है और मोती की लड़ियां टूट रही हैं।

धन और यौवन, दोनों ही उनके बैरी सिद्ध हुए, जिनके रंग में वे डूबी हुई थीं। दूतों को हुक्म मिल गया है और वे उन्हें बेइज्जत करके चल दिये हैं। जब ईश्वर को अच्छा लगता है, तो वह मान देता है; जब चाहता है सज़ा देता है।

ये यदि पहले ही चेत जातीं, तो उन्हें यह सज़ा क्यों मिलती? यहां के शासक रंग-तमाशों में डूबकर सब कुछ भुला बैठे। अब बाबर की दुहाई चारों ओर हो गयी है, जिसमें राजकुमारों को भी रोटी खाने को नहीं मिल रही है। मुसलमानों की नमाज का वक्त खो गया है और हिन्दुओं की पूजा भी जाती रही। चौके के बिना हिन्दू स्त्रियां स्नान-पूजा कैसे करें? जिन व्यक्तियों ने कभी राम का नाम नहीं लिया था, अब उन्हें खुदा का नाम लेने को भी नहीं मिलता।

जो लोग अपने घरों को लौट आए हैं, उनसे लोग मिल-मिल कर कुशल-क्षेम पूछते हैं। कुछ के भाग्य में यही लिखा है कि वे बैठ कर अपने दुःखों को रोएं। हे नानक! जो प्रभु को अच्छा लगता है वही होता है, मनुष्य बिचारा क्या करे।

कहा सु खेल तबेला घोडे कहा मेरी सहनाई।
कहा सु तेगबंद गाडेरड़ि कहा सु लाल कवाई॥
कहा सु आरसिआ मुह बंके ऐथै दीसहि नाही॥
इहु जगु तेरा तू गोसाईं।
एक घड़ी महि थापि उथाये जरू वंड़ि देवै भाई॥
कहा सु घर दर मंडप महला कहां सु बंक सराई।
कहा सु सेज सुखाली कामणि जिसु देखि नींद न पाई।
कहा सु पान तंबोली हरमा होइआ छाई माई॥
इसु जरि कारणि घणी विगुती इनि जर घणी खुआई।
पापा बाझहु होवै नाही मुइआ साथि न जाई॥
जिस नौ आपि खुआए करता खुसी लए चँगिआई॥
कोटि हू पीर वरजि रहाए जा मीरु सुखिआ धाइआ।
थान मुकाम जले बिज मंदर मुछि सुछि कुइर रुलाइआ॥
कोई मुगलु न होआ अंधा किनै न परचा लाइआ॥
मुगल पठाणा भई लड़ाई रण महि तेग वगाई।
ओन्ही तुपक ताणि चलाई ओन्ही हसति चिड़ाई॥
जिन्ही की चीरी दरगह फाटी तिन्हा मरना भाई॥
इक हिंदवाणी अवर तुरकाणी भटिआणी ठकुराणी।
इकन्हा पेरण सिर खुर पाटे इकन्हा वासु मसाणी॥
जिन्ह के बंके घरी न आइआ तिन्ह किउ रैणि विहाणी॥
आपे करे कराए करता किस नौ आखि सुणाईऐ॥
दुखु सुखु तेरे भाणै होवै किसथै जाइ रुआईऐ॥
हुकमी हुकमि चलाए विगसै नानक लिखिआ पाईऐ॥

तुम्हारे वे खेल, अस्तबल, घोड़े कहां हैं? तुम्हारी भेरी और शहनाइयां कहां हैं? तुम्हारे वे कमरबंद और रथ कहां हैं? वे लाल वर्दियां कहां हैं? वे दर्पण और वे सुंदर मुख कहां हैं? यहां तो नहीं दिखाई पड़ रहे हैं।

हे प्रभु! यह संसार तुम्हारा है। घड़ी भर में तुम इसे स्थापित करते हो और घड़ी भर में नष्ट करके इसकी दौलत बांट देते हो।

वे घर, दरवाजे, मंडप, महल और सुंदर सराये कहां हैं? वे सुखद शय्याएं और कामिनियां कहां हैं, जिन्हें देखकर नींद उड़ जाती थी? वे रनिवास और ताम्बूल-कन्याएं कहां गयीं? वे सब गायब हो गये हैं।

इस धन के लिए बहुत से लोग नष्ट हो गये और बहुत से इस धन के कारण ही कुमार्ग पर पड़कर विलीन हो गये। यह धन पाप के बिना एकत्र नहीं होता और मरने पर साथ नहीं जाता। प्रभु जिसे नष्ट करना चाहता है, पहले उसकी अच्छाइयां हर लेता है।

जब बाबर के आक्रमण की खबर पहुंची तो अगणित पीरों ने टोने-टोटके करके उसे रोकने की कोशिश की; परन्तु उसका कुछ लाभ नहीं हुआ। पीरों के स्थान और मुकाम तथा वज्र के समान दृढ़ मंदिर जल कर नष्ट हो गये। बड़े-बड़े राजकुमार टुकड़े-टुकड़े करके मिट्टी में मिला दिये गये। पीरों के जादू-टोने वाले पंचों का कुछ असर नहीं हुआ, कोई मुगल उनके प्रभाव से अंधा नहीं हुआ।

मुगलों और पठानों में लड़ाई हुई और दोनों ओर से युद्धभूमि में तलवार चली। उन्होंने (मुगलों ने) तान-तानकर तोपें चलाईं और उन्होंने (पठानों ने) अपने हाथी ठेल दिये; परन्तु जिनकी चि ट्ठी परमात्मा के दरबार में ही फट गयी, उनका मरना तो निश्चित है। हिंदू, मुसलमान, भट्टी और ठाकुर स्त्रियां बेहाल हैं। कुछ के कपड़े सिर से पैर तक फटे थे और कुछ श्मशान में जा बैठी थीं। जिनके पति रात को घर वापस नहीं लौटे, उन बेचारियों ने अपनी रातें किस प्रकार काटीं।

कर्त्ता (प्रभु) स्वयं ही करता और कराता है। उसकी बात किससे कहें। दुःख-सुख तेरी इच्छा से ही होते हैं, किसके पास जाकर रोएं। प्रभु अपने हुक्म से चलाता और विकसित होता है। हे नानक! जो लिखा होता है, वही प्राप्त होता है।

बलिहारी गुर आपणे दिउहाड़ी सदवार।
जिनि माणस ते देवते करत न लागी बार॥
नानक गुरु न चेतनी मनि आपणै सुचेत।
छुटे तिल बूआड जिउ सूने अंदरि खेत॥
खेतै अंदरि छूटिआ कहु नानक सउ नाह।
फलीअहि फुलीअहि बपुड़े भी तन विचि सुआह॥

मैं अपने गुरु पर दिन में सौ बार बलिहार जाता हूं, जिसने मनुष्यों से देवता बना दिये और इसमें उसे कोई देर नहीं लगी।

हे नानक! जो व्यक्ति गुरु को नहीं चेतते और अपने मन में चतुर बने हुए हैं, वे इस प्रकार हैं, जैसे खाली, झूठे तिल सूने खेत में छोड़ दिये गये हैं। हे नानक! ऐसे खेत में छोड़े हुए खाली तिलों के सौ पति होते हैं। वे बिचारे फूलते भी हैं, फलते भी हैं, फिर भी उनके शरीर में खाक ही होती है।

सिंमल रूखु सराइरा अति दीरघ अति मूचु।
ओइ जि आवहि आस करि जाहि निरासे कीतु॥
फल फिके फुल बकबके कंमि न आवहि पत्तु।
मीठतु नीवी नानका गुण चंगिआइआ तत्तु॥
सभु को निवै आप कउ परकउ निवै न कोइ।
धरी तराजू तोलिऐ निवै सु गउरा होइ॥
अपराधी दूणा निवै जो हंता मिरगाहि।
सीस निवाइऐ किआ थीऐ जा रिदै कुसुधे जाहि॥

सेमल का वृक्ष तीर के समान सीधा, बहुत ऊंचा और मोटा होता है; परन्तु वे पक्षी जो फल खाने की आशा से इस पर आकर बैठते हैं, निराश होकर लौट जाते हैं। इसके फल फीके तथा फूल बेस्वाद होते हैं और इसके पत्ते भी किसी काम नहीं आते। हे नानक! विनम्रता में मिठास है और गुणों और अच्छाइयों के तत्त्व इसमें विद्यमान हैं। सभी लोग अपने स्वार्थ के लिए झुकते हैं, दूसरों के लिए नहीं; परन्तु तराजू में रखकर तौलने से पता लगता है कि जो चीज भारी होती है, उसी का पलड़ा झुकता है।

परन्तु अपराधी व्यक्ति दूना झुकता है, जैसे शिकारी जानवर का शिकार करने के लिए झुक कर निशाना बांधता है। यदि हृदय अपवित्र है, तो मात्र सिर झुकाने से क्या मिलेगा?

दइआ कपाह संतोखु सूतु जतु गंढी सतु वटु।
एहुं जनेऊ जीअ का हई त पाडे घतु॥
ना एहु तूटै न मलु लगै न एहु जलै न जाइ।
धंनु सु माणस नानका जो गलि तले पाई॥

वह जनेऊ जिसकी कपास दया हो, जिसका संत संतोष हो, जिसकी पूरन सत्त्वगुण हो-हे पंडित! यदि तुम्हारे पास जीव के लिए ऐसा जनेऊ हो तो मुझे पहना दो। यह जनेऊ न तो टूटता है, न गंदा होता है, न जलता है, न कभी जाता है। हे नानक! वे मनुष्य धन्य है, जो अपने गले में ऐसा जनेऊ पहन कर परलोक जाते हैं।

परमात्मा में चित्त को लगाने को नौकरी समझो, नाम को स्वीकार करना ही काम है। पापों को रोकना ही उस नौकरी की दौड़-धूप है। इस प्रकार के नौकर को सभी धन्य-धन्य कहते हैं। हे नानक, यदि परमेश्वर-स्वामी तुम्हारी ओर कृपा-दृष्टि से देखेंगे तो तुम पर चौगुना रंग चढ़ेगा।

मनु हाली किरसाणी करणी सरमु पाणी तनु खेतु।
नामु बीजु संतोखु सुहागा राखु गरीबी वेसु॥
भाउ करम करि जंमसी से घर भागठ देखु॥
बाबा माइआ साथि न होइ।
इनि माइआ जगु मोहिआ बिरला बूझै कोइ॥
हाणु हटु करि आरजा सचु नामु करि वथु।
सुरति सोच करि भांडसाल तिसु विचि तिसनो रखु॥
वणजारिआ सिउ वणजु करि लै लाहा मन हसु॥
सुणि सासत सउदागरी सतु घोडे लै चलु।
खरचु बंनु चंगिआइआ मतु मन जाणहि कलु॥
निरंकार कै देसि जहि ता सुखि लहहि महलु॥
लाइ चितु करि चाकरी मंनि नामु करि कंनु।
बंनु बदीआ करि धावणी ताको आखै धंनु॥
नानक वेखै नदरि करि चडै चवगण वैंनु॥

अपने मन को हलवाहा, शुभ करनी को खेती, श्रम को पानी तथा तन को खेत बनाओ। उसमें ईश्वर के नाम का बीज और संतोष का सुहागा डालो तथा विनम्र वेश रखो। भावपूर्ण कर्म करने से यह बीज जम जाएगा और घर सौभाग्यपूर्ण दिखेगा।

हे बाबा! माया साथ नहीं जाती। इस माया ने संसार को मोहित कर लिया है, इस तथ्य को कोई बिरला ही जानता है।

अपनी आयु को दूकान बनाओ और परमात्मा के सच्चे नाम को सौदा समझो। ध्यान और विचार को गोदाम बनाओ और उसमें इस सौदे (परमात्मा का नाम) को रखो। संत रूपी व्यापारियों से व्यापार करो और भक्ति रूपी लाभ प्राप्त करके प्रसन्न हो।

शास्त्र-श्रवण को सौदागरी-बनाओ और अपने सौदे को सत्य रूपी घोड़े पर ले चलो। शुभ कर्मों को मार्ग-व्यय बनाओ और कोई बात कल पर मत टालो। इस प्रकार के व्यापारी को निरंकार के देश में जाकर महल प्राप्त होता है।

कादी कूडु बोलि मलु खाइ। ब्राह्मणु नावै जीवा घाइ॥
जोगी जुगति न जाणै अंधु। तीने ओजाडे का बंधु।
सो जोगी जो जुगति पछाणै। गुर परसादी एको जाणै॥
काजी सो जो उलटी करै। गुर परसादी जीवतु मरै।
सो ब्राह्मणु जो ब्रह्मु बीचारै। आपि तरै सगले कुल तारै॥
दानसबंदु सोई दिलि धोवै। मुसलमाणु सोई मलु खोवै।
पडिआ बूझै सो परवाणु। जिसु सिरि दरगह का नीसाणु॥

काजी झूठ बोल कर हराम की कमाई खाता है। ब्राह्मण जीवों को पीड़ित करके तीर्थों पर स्नान करने जाता है। योगी अज्ञानी है, वह परमात्मा से मिलने की युक्ति नहीं जानता। ये तीनों ही उजाड़ के साथी हैं।

वास्तव में सच्चा योगी वह है, जो परमात्मा से मिलने की युक्ति जानता है और गुरु की कृपा से उस एक परमात्मा को ही पहचानता है। वास्तविक काजी वह है, जो माया की ओर से चित्त उलट ले और गुरु-कृपा से अपने अहंकार को मार ले। वास्तविक ब्राह्मण वह है, जो ब्रह्म-तत्त्व का विचार करता है; ऐसा ब्राह्मण स्वयं तो करता ही है, अपने कुल को भी तार देता है।

वास्तविक बुद्धिमान् वह है जो अपने हृदय को शुद्ध करता है। जो पापों का मल नष्ट कर दे, वही वास्तविक मुसलमान है। जो धर्म-ग्रंथों को पढ़कर उन पर आचरण भी करता है, परमात्मा के द्वार की छाप उसी के मस्तक पर लगती है।

गगन म थालु रबि चंदु दीपक बने तारिका मंडल जनक मोती।
धूपु मलआनलो पवणु चवरो करै सगल बनराइ फूलंत जोती॥
कैसी आरती होइ भवखंडना तेरी आरती।
अनहता सबद बाजंत भेरी॥
सहस तव नैन नन नैन है तोहि कउ,
सहस मूरति नना एक तोही॥
सहस पद बिमल नन एक पद गंध,
बिनु सहस तव गंध इव चलत मोही॥
सभ महि जोति जोति है सोइ।
तिस कै चानणि सभ महि चानणु होइ॥
गुर साखी जोति परगटु होइ।
जो तिसु भावै सु आरती होइ॥
हरि चरण कमल मकरंद लोभित मनो,
अनदिनो मोहि आही पिआसा।
कृपा जलु देहि नानक सारिंग कउ,
होइ जाते तेरै नामि वासा॥

हे, प्रभु! तुम्हारी विराट् आरती में आकाश ही आरती का थाल है, उसमें सूर्य और चंद्रमा रूपी दीपक हैं, तारा-मंडल उस थाल में जड़े हुए मोती हैं। मलय पवन आरती की धूप है, वायु चंवर कर रहा है, और सम्पूर्ण वनस्पति पूजा के फूल हैं।

हे भवखंडन! तुम्हारी आरती कितनी अद्भुत है। अनाहत शब्द आरती की भेरी के रूप में बज रहा है।

तुम्हारे सहस्रों नेत्र हैं, फिर भी एक भी नेत्र नहीं है। तुम्हारी सहस्रों मूर्तियां हैं; परन्तु तुम्हारी कोई मूर्ति नहीं है। तुम्हारे सहस्रों पवित्र चरण हैं, तथापि तुम्हारा कोई चरण नहीं है। तुम्हारी सहस्रों प्रकार की गंध हैं, पर तुम्हारी कोई गंध नहीं। मैं तुम्हारे इस अद्भुत चरित्र पर मोहित हूं।

हे ज्योति-स्वरूप! तुम्हारी ज्योति सभी में है। तुम्हारी ज्योति से ही सभी चीजें प्रकाशित होती हैं। यह ज्योति गुरु के उपदेश से प्रकट होती है। जो तुम्हें अच्छा लगता है, वही तुम्हारी वास्तविक आरती है।

हरि के कमल-रूपी चरणों के मकरंद में मेरा भौंरा रूपी मन सदैव लोभी बना रहता है। मुझे प्रतिदिन तुम्हारे प्रेम रूपी मकरंद की प्यास बनी रहती है। हे प्रभु! मुझ पपीहे को अपनी कृपा का जल दो, जिससे सदैव तुम्हारे नाम में ही निवास बना रहे।

कालु नाही जोगु नाही नाही सत का ढबु।
थानसट जग भरिसट होए डूबता इव जगु॥
कल महि राम नामु सारु।
अखी त मीटहि नाक पकडहि ठगण कउ संसारु॥
आंट सेती नाकु पकडहि सूझते तिनि लोअ।
मगर पाछै कछु न सूझै एहु पदमु अलोअ॥

आजकल न तो वह समय है, न योग है, न सात्त्विक जीवन व्यतीत करने का ढब ही किसी को पता है। सभी पवित्र स्थान भ्रष्ट हो गए हैं। इस प्रकार सारा संसार डूब रहा है।

कलियुग में राम-नाम ही श्रेष्ठ वस्तु है। पाखंडी लोग संसार को ठगने के लिए आंखें बंद करके नाक पकड़ते हैं। ये लोग दो उंगलियों से नाक पकड़कर यह दावा करते हैं कि उन्हें तीनों लोकों का ज्ञान है; किन्तु अपने पीछे रखी चीज इन्हें दिखाई नहीं देती। यह कैसा पद्मासन है!

जसी म आवै खसम की वाणी तैसडा करी निगानु वे लालो।
पापकी जंज लै काबलहु धाइआ जोरी मंगै दानु बे लालो॥
सरमु धरमु दुइ छपि खलोए कूड़ु फिरै परधानु बे लालो।
काजीआ बामणा की गलि थकी अगदु पडै सैतानु बे लालो॥
मुसलमानीआ पडहि कतेबा कसट महि करहि खुदाइ बे लालो।
जाति सनाती होरि हिंदवाणीआ एहि भी लेख लाइ बे लालो॥
खून के सोहिले गावीअहि नानक रतु का कुंगू पाइ बे लालो॥

हे लालो! मुझे अपने परमेश्वर से जैसा आदेश प्राप्त होता है, मैं वैसा ही ज्ञान लोगों को देता हूं। तुम देखो, बाबर पाप की बारात लेकर काबुल से चढ़ आया है और अब बलात् इस देश के सम्मान का कन्यादान मांग रहा है। शर्म और धर्म दोनों ही छिप गए हैं और चारों तरफ झूठ का बोल-बाला है। काजियों और ब्राह्मणों को कोई पूछता नहीं और विवाह के मंत्र शैतान पढ़ रहा है। मुसलमान स्त्रियां दुःखी होकर कुरान पढ़ रही हैं और खुदा से दुआ मांग रही हैं। छोटी-बड़ी जाति की हिन्दू स्त्रियों की भी यही हालत हो रही है। हे नानक, अब चारों ओर खून के गीत गाए जा रहे हैं और रक्त का केशर स्थान-स्थान पर पड़ रहा है।

जोगु न खिंथा जोगु न डंडै जोगु न भसम चडाइऐ।
जोगु न मुंदी मूंडि मुंडाइऐ जोगु न सिंगी वाइऐ।
अंजन माहि निरंजनि रहीऐ जोग जुगति इव पाइऐ॥
गली जोगु न होइ।
एक द्रस्टि करि समसरि जाणै जोगी कहीऐ सोइ॥

योग की प्राप्ति न तो कंथा पहनने में है, न डंडा लेने में है और न शरीर पर भस्म लगाने में। योग न तो कानो में मुद्रा पहनने में है, न मूंड़ मुंड़वाने में और न शृंगी बजाने में। योग की वास्तविक युक्ति माया में रहकर भी माया से अलिप्त रहने में है। इसी से योग की प्राप्ति होती है।

निरी कोरी बातों से योग की प्राप्ति नहीं होती। जो सभी को एक दृष्टि से देखता है, वही वास्तविक योगी कहलाने का अधिकारी है।

जिनी न पाइओ प्रेम रसु कंत न पाइओ साउ।
सुंजे घर का पाहुणा जिउ आइआ तिउ जाउ॥
सउ ओलाम्हे दिनै के राती मिलनि सहंस।
सिफति सलाहणु छडि कै करंगी लगा हंसु॥
फिटु इवेहा जीविआ जितु खाइ वधाइआ पेटु।
नानक सचे नाम विणु सभो दुसमन हेतु॥

जिन्होंने परमेश्वर के नाम का स्वाद नहीं लिया और उसके प्रेम का रस नहीं पिया वे संसार में, सूने घर के मेहमान की तरह, जैसे आए हैं वैसे ही चले जाएंगे। जीव अपने पापपूर्ण कर्मों के कारण दिन-रात सैंकड़ों-हजारों उपालम्भ प्राप्त करता रहता है। यह जीव रूपी हंस परमात्मा की स्तुति और प्रशंसा रूपी मोती चुगना छोड़कर विषय-वासना का मुरदार खाने लग गया है। यह सब खा-खाकर जिन्होंने अपना पेट बढ़ा लिया है, उनके जीवन को धिक्कार है। हे नानक! सच्चे नाम के बिना सभी प्रकार के सांसारिक प्रेम बैरी हो जाते हैं।

दीवा बलै अंधेरा जाइ।
बेद पाठ मति पापा खाइ॥
उगवै सूरु न जापै चंदु।
जह गिआन प्रगासु अगिआनु मिटंतु॥
बेद पाठ संसार की कार।
पढि पढि पंडित करहि बिचार॥
बिनु बूझे सभ होइ खुआर।
नानक गुरमुखि उतरसि पार॥

दीपक के जलने से अन्धकार नष्ट हो जाता है। वेद-पाठ पाप वाली बुद्धि को खा जाता है। सूर्य के उदय होने पर चंद्रमा नहीं दिखाई देता। जहां ज्ञान का प्रकाश होता है, वहां अज्ञान स्वत: मिट जाता है, परन्तु हो क्या रहा है? वेद-पाठ सांसारिक व्यवहार मात्र बनकर रह गया है। वेदों को पढ़कर पंडित गण तर्क-वितर्क तो करते हैं, किन्तु उसे समझते नहीं, इसलिए वे नष्ट होते हैं। हे नानक! जो गुरुमुख हैं, वही संसार-सागर से पार उतरते हैं।

सावणु राति अहाड दिहु कामु कोधु दुइ खेतु।
लबु वत्र दरोगु बीउ हाली राहकु हेतु॥
हलु बीचारु बिकार मण हुकमी खटे खाइ।
नानक लेखै मंगिऐ अउतु जणेदा जाइ॥

ईश्वर से विमुख (मनमुख) लोगों के रात-दिन सावन और अषाढ़ की फसलें हैं, जिनमें काम-क्रोध के खेत बोये जाते हैं। लालच उनके खेतों के बोने का समय है, झूठ बीज है, बुरा मार्ग हलवाहा है, बुरा विचार ही हल है और मन की आज्ञा से वह ऐसी कृषि पैदा करता और खाता है। हे नानक! लेखा मांगने के समय ऐसे व्यक्ति का पिता निपूता ही सिद्ध होता है।

भउ भुइ पवितु पाणी सतु संतोखु बलेदु।
हलु हलेमी हाली चितु चेता वत्र वखत संजोगु॥
नाउ बीजु बखसीस बोहल दुनीआ सगल दरोग।
नानक नदरी करमु होइ जावहि सगल बिजोग॥

गुरुमुख की खेती में परमात्मा का भय ही पृथ्वी है, पवित्रता जल है, सत्य और संतोष बैल हैं, विनम्रता हल है, चित्त हलवाहा हैं, परमात्मा का स्मरण ही खेतों की नमी वाली अवस्था है। परमात्मा से मिलन-संयोग, यही बोने का समय है। हरि का नाम ही बीज है, भगवान् की कृपा ही खलिहान है, शेष सब-कुछ झूठ है। हे नानक! यदि कृपालु हरि की कृपा-दृष्टि हो जाए, तो समस्त विछोह दूर हो जाएं।

कोई आखै भूतना कोइ कहै बेताल।
कोई आखै आदमी नानकु बेचार॥
भइआ दिवाना साह का नानकु बउराना।
हउ हरि बिनु अवरु न जाना॥
तउ देवाना जाणीऐ जा भै देवाना होइ।
एकी साहिब बाहरा दूजा अवरु न जाणै कोइ।
तउ देवाना जाणीऐ जा एका कार कमाइ।
हुकमु पछाणै खसम का दूजी अवर सिआणप काइ॥
तउ देवाना जाणीऐ जा साहिब धरे पिआरु।
मंदा जाणै आप कउ अवरु भला संसारु॥

बेचारे नानक को कोई भूत कहता है, कोई बैताल कहता और कोई आदमी कहता है; परन्तु नानक तो अपने स्वामी (परमेश्वर) के प्रेम में दीवाना और पागल हो गया है। मैं हरि को छोड़कर और किसी को नहीं जानता।

उस व्यक्ति को दीवाना समझना चाहिए जो परमात्मा के भय में दीवाना हो और वह अपने परमात्मा को छोड़कर अन्य किसी की चिंता न करता हो।

उस व्यक्ति को दीवाना समझना चाहिए जो केवल परमात्मा का ही काम करता हो, केवल अपने पति-परमेश्वर की आज्ञा मानता हो। उसे किसी दूसरी चतुराई की जरूरत नहीं है।

उस व्यक्ति को दीवाना समझना चाहिए, जिसके हृदय में परमात्मा का प्रेम है। जो अपनी बुराइयां देखता है और संसार के सभी प्राणियों में भलाई देखता है।

विणु गाहक गुणु बेचीऐ तउ गुणु सहजो जाइ।
गुण का गाहकु जे मिलै तउ गुणु लाख बिकाइ॥
गुण ते गुण मिलि पाईऐ जे सतिगुर माहि समाइ॥
मोलि अमोलु न पाईऐ वणजि न लीजै हाटि।
नानक पूरा तोलु है कबहु न होवै घाटि॥

यदि बिना ग्राहक के गुण बेचा जाए तो वह सस्ते में बिकता है। यदि गुणग्राहक मिल जाए तो वह लाखों में बिकता है। सदगुरु में सभी गुण समाए हुए हैं। ऐसे गुणी व्यक्ति से मिलकर ही गुणों की प्राप्ति होती है। सद्‌गुरु से प्राप्त होने वाले गुण अमूल्य हैं और इन्हें किसी बाजार से नहीं खरीदा जा सकता। हे नानक! सद्‌गुरु से प्राप्त गुणों की तौल पूरी होती है, इनमें किसी प्रकार की कमी नहीं होती।

बारामाह

चैत्र

चेतु बसंतु भला भवर सुहावडे।
बन फूल मंझ बारि मै पिरु घरि बाहुडे॥
पिरु घरि नही आवै धन किउ,
सुखु पावै बिरहि बिरोध तनु छीजै।
कोकिल अंबि सुहावी किउ दुखु अंकि सहीजै॥
भवरु भवंता फूली डाली किउ जीवा मरु पाए।
नानक चेति सहजि सुखु पावै जे हरि वरु घरि धन पाए॥

वैशाख

वशाखु भला साखा वेस करै।
धन देखै हरि दुआर आवहु दइआ करै॥
घरि आउ पिआरे दुतर तारे तुधु बिनु अढु न मोलो।
कीमति कउण करे तुधु भावां देखि दिखावै ढोलो॥
दूरि न जाना अंतरि माना हरि का महलु पछाना।
नानक बैसाखी प्रभु पावै सुरति सबदि मनु माना॥

चैत्र में वसंत ऋतु छाई है और भौरों की गुंजार बड़ी सुहावनी है। वनों में वनराजि फूली हुई है। ऐसे में मेरे प्रियतम घर आ जाएं। यदि प्रियतम घर नहीं लौटता तो स्त्री कैसे सुख पा सकती है। विरह में उसका तन निरन्तर छीजता रहता है। अमराइयों में कोयल सुहावनी बोली बोलती है। उसे सुनकर विरह के दुख को हृदय में कैसे सहेजा जाए। फूली हुई डालियों पर भंवरा मंडरा रहा है। हे मां, ऐसी मरणशील स्थिति में मैं कैसे जीऊं।

हे नानक, यदि चेत्र में, आत्मा रूपी स्त्री, परमात्मा रूपी पति को घर में पा जाए, तो उसे सहज सुख की प्राप्ति हो जाए।

वैशाख महीना बहुत अच्छा है। इस महीने वृक्षों की शांखाएं अपना बहुविधि वेश बनाती हैं। स्त्री द्वार पर हरि की प्रतीक्षा करती है और कहती है, दया करके घर आ जाओ। हे प्यारे! मुझे इस दुस्तर संसार-सागर से पार लगाओ। तुम्हारे बिना मेरा कौड़ी मात्र भी मूल्य नहीं है। यदि मैं तुम्हें अच्छी लगूं तो मेरी कीमत कौन पा सकता है। कोई मुझे मेरे प्रियतम के दर्शन करा दे। मैं तुझे दूर नहीं जानती, सदा अपने भीतर ही मानती हूं। मैं अपने हरि का महल पहचानती हूं। हे नानक! इस प्रकार वैशाख में सुहागिन स्त्री प्रभु की सुरति और शब्द में मन लगाकर उसे प्राप्त करती है।

जेठ

माहु जेठु भला प्रीतम किउ बिसरै।
थल तापहि सर भार सा धन बिनउ करै॥
धन बिनउ करेदी गुण सारेदी गुण सारी प्रभ भावा।
साचै महलि रहै बैरागी आवण देहि त आवा॥
निमाणी निताणी हरि बिनु किउ पावै सुख महली।
नानक जेठि जाणै तिसु जैसी करमि मिलै गुण गहिली॥

आषाढ़

आसाडु भला सूरजु गगनि तपै।
धरती दुखु सहै सोखै अगनि भखै॥
अगनि रसु सोखै मरीऐ धोखै भी सो किरतु न हारे।
रथु फिरै छाइआ धन ताकै टीडु लवै मंझि बारे॥
अवगण बाधि चली दुखु आगै सुखु तिसु साचु समाले।
नानक जिस नो इहु मनु दीआ मरणु जीवणु प्रभ नाले॥

जेठ के सुंदर महीने में प्रियतम किस प्रकार भूले। सारा संसार भाड़ के समान तप रहा है। स्त्री अपने प्रियतम से विनय कर रही है और उसके गुणों का स्मरण करती हुई कहती है कि हे प्रभु, मैं तुम्हें अच्छी लगूं। मेरा बैरागी प्रभु सच्चे महल में निवास करता है, यदि वह अपने महल में आने दे तो आऊं। जीवात्मा रूपी स्त्री हरि के बिना मानहीन और शक्तिहीन है। उसे प्रभु के महलों का सुख कैसे प्राप्त हो सकता है। हे नानक! जेठ में उस प्रभु के जानने से जीवात्मा उसी के समान हो जाती है। उसे परमात्मा की कृपा प्राप्त होती है और वह गुण ग्रहण करने वाली बन जाती है।

आषाढ़ के भले महीने में सूरज आकाश में तपता है। पृथ्वी दुःख सहती है, निरन्तर सूखती है और आग के समान तपती है। अग्नि रूपी सूर्य जल को सुखाता है, बिचारा जल सुलग-सुलग कर मरता है; सूरज अपना काम करता रहता है। दुःखों का यह सूर्य-रथ सदा फिरता रहता है, जिसमें स्त्री छाया ताकती फिरती है, जिस तरह जंगल में टिड्डे तपिश से बचते फिरते हैं। जो जीवात्मा रूपी स्त्री संसार से अवगुण एकत्र करके ले जाती है, उसे आगे दुःख ही मिलता है। सुख उसी को मिलता है, जो सत्य को संभालती है। हे नानक! जिसे इस तरह का मन प्राप्त हो गया, उसका मरना-जीना प्रभु के साथ ही होता है।

सावन

सावणि सरस मना घण वरसहि रुति आए।
मैं मनि तनि सहु भावै पिर परदेसि सिधाए॥
पिरु घरि नहीं आवै मरीऐ हावै दामनि चमकि डराए।
सेज इकेली खरी दुहेली मरणु भइआ दुखु कमाए॥
हरि बिनु नीद भूख कहु कैसी कापड़ु तनि न सुखावए।
नानक सा सोहागणि कंती पिर कै अंकि समावए॥

भादों

भादउ भरमि भुली भरि जोबणि पछुताणी।
जल थल नीरि भरे बरस रुते रंगु माणी॥
बरसै निसि काली किउ सुखु बाली दादर मोर लवंते।
प्रिउ प्रिउ चवै बबीहा बोलै भुइअंगम फिरहिं डसंते॥
मछर डंग साइर भर सुभर बिनु हरि किउ सुखु पाईऐ।
नानक पूछि चलउ गुर अपुने जह प्रभु तह ही जाईऐ॥

मन को सरस करने वाली सावन ऋतु आ गयी है, बादल बरस रहे हैं। मेरे तन-मन को अच्छे लगने वाले प्रियतम परदेश चले गये हैं। मेरे प्रियतम इस ऋतु में घर नहीं आ रहे हैं, मैं शोक में मर रही हूं, बिजली चमक कर डरा रही है। मैं अपनी सेज पर अकेली हूं और बहुत दुःखी हूं। हे मां! यह दुःख मरण के समान हो गया है। हरि के बिना कैसी भूख और कैसी नींद! शरीर पर कपड़े भी सुखद नहीं लगते। हे नानक! वही सुहागिनी है, जो अपने प्रिय के अंक में समा जाती है।

भादों के महीने में स्त्री यौवन में भरी है और भ्रम में पड़कर भूल गयी है, जिससे पछता रही है। यह रंगों से भरी हुई वर्षा ऋतु है। जलाशयों और धरती में पानी भर गया है। अंधेरी रात में वर्षा हो रही है; परन्तु बिना प्रियतम के स्त्री को सुख कैसे प्राप्त हो सकता है। मेंढक और मोर बोल रहे हैं। पपीहा 'पी-पी' बोल रहा है। सांप प्राणियों को डसते फिरते हैं। मच्छर डंक मारते हैं, सरोवर खूब भरे हुए हैं; किन्तु बिना हरि के जीवात्मा को सुख कैसे मिल सकता है। हे नानक! अपने गुरु के निर्देशानुसार उस मार्ग पर चलो जहां प्रभु हों।

आश्विन

असुनि आउ पिरा साधन झूरि मुई।
ता मिलीऐ प्रभ मेले दूजै भाइ खुई॥
झूठि विगुती ता पिर मुती कुकह काह सि फूले।
आगै घाम पिछै रुति जाडा देखि चलत मनु डोले॥
दहदिसि साख हरी हरिआवल सहजि पकै सो मीठा।
नानक असुनि मिलहु पिआरे सतिगुर भए बसीठा॥

कार्तिक

कतकि किरतु पाइआ जो प्रभ भाइआ।
दीपक सहजि बलै तति जलाइआ॥
दीपक रस धन पिर मेलो धन ओमाहै सरसी।
अवगण मारी मरै न सीझै गुणि मारी ता मरसी॥
नामु भगति दे निज घरि बैठे अजहु तिनाड़ी आसा।
नानके मिलहु कपट दर खोलहु एक घडी खटु मासा॥

आश्विन का महीना आ गया, प्रिय! अब आ जाओ, तुम्हारी स्त्री वियोग में जल कर मर रही है। जीवात्मा का प्रभु से मिलन उसकी कृपा से ही होता है। द्वैत भाव रखनेवाली स्त्री नष्ट हो जाती है। झूठी माया में पड़कर जीवात्मा नष्ट होती है, पति परमेश्वर द्वारा त्याग दी जाती है। कोकाबेली और कास फूल अब फूले हुए हैं। आगे-आगे धूप जा रही है, पीछे से शीत ऋतु आ रही है, यह देखकर मन डरता है। दसों दिशाओं में वृक्षों की हरी शाखाओं की हरियाली छाई हुई है। फल सहज ढंग से पक कर मीठे हो रहे हैं। नानक कहते हैं-हे प्रभु! आश्विन में आकर मिलो। अब सदगुरु हमारे बीच मध्यस्थ हो गए हैं।

कार्तिक में उसी को फल प्राप्त होता है जो प्रभु को अच्छा लगता है। वही दीपक सहज भाव से जलता है, जो ज्ञान-तत्त्व से जलाया जाता है। उस दीपक में प्रेम का तेल है, उसके प्रकाश में जीवात्मा परमात्मा से मिलती है और वह मिलन के उत्साह से आनंदित हो जाती है। पापों के अवगुणों की मारी हुई जीवात्मा मरकर मुक्त नहीं होती। वह तभी मुक्त होगी जब वह गुणों की मारी हुई होगी। हे प्रभु! जिन्हें तू नाम और भक्ति देता है, वे अपने घर (आत्मस्वरूप) में बेठते हैं और उन्हें निरन्तर तुम्हारी आशा लगी रहती है। हे नानक! प्रभु से कपट (माया) के दरवाजे खोलकर मिलो। प्रभु-विरह में एक घड़ी छ: मास के बराबर हो गयी है।

अगहन

मंघर माहु भला हरि गुण अंकि समावए।
गुणवंती गुण रवै मै पिरु निहचल भावए॥
निहचलु चतरु सुजाणु बिधाता चंचलु जगतु सबाइआ।
गिआनु धिआनु गुण अंकि समाणे प्रभ भाणे ता भाइआ॥
गीत नाद कवित कवे सुणि राम नामि दुखु भागै।
नानक साधन नाह पिआरी अभ भगती पिर आगै॥

पौष

पोखि तुखारु पडै वणु तृणु रसु सोखै।
आवत की नाही मनि तनि वसहि मुखे॥
मनि तनि रवि रहिआ जगजीवनु गुरसबदी रंगु माणी।
अंडज जेरज सेतज उतभुज घटि घटि जोति समाणी॥
दरसनु देहु दहआपति दाते गति पावहु मति देहो।
नानक रंगि रवै रसि रसिआ हरि सिउ प्रीति सनेहो॥

यदि हरि के गुण हृदय में समा जाएं तो अगहन का महीना बहुत अच्छा है। गुणवंती स्त्री प्रभु के गुणों में डूबी रहती है। मुझे निश्चल प्रभु भाता है। प्रभु ही निश्चल, चतुर, सुजान और विधाता है। समस्त संसार चंचल है। जब प्रभु की इच्छा होती है, तो भक्त में ज्ञान-ध्यान आदि गुण आ बसते हैं और वह उसे प्रिय हो जाता है। मैंने कवियों के अनेक गीत, संगीत-नाद और कवित्त सुने, परन्तु मेरे दुःख राम-नाम सुनकर भाग गये। हे नानक! जो स्त्री पति से आन्तरिक भक्ति करती है, वही उसकी प्यारी होती है।

पौष में तुषार पड़ती है, वन के वृक्ष-पत्तों का रस सूख जाता है। हे प्रभु! तुम मेरे मन, तन और मुख में बसते हो, फिर क्यों नहीं मेरे पास आते? प्रभु ही मेरे मन और तन में रम रहा है, वही जगत् का जीवन है, गुरु के शब्द द्वारा ही प्रभु-मिलन के आनन्द को पाया जा सकता है। प्रभु की ज्योति अंडज, जेरज, स्वदेज तथा उद्भिज चारों प्राणियों के घट-घट में व्याप्त है। हे दयापति दाता! मुझे दर्शन देकर ऐसी मति दो कि मैं शुभ गति पा जाऊं। हे नानक! जिसे हरि से प्रीति और स्नेह हो गया है, वह जीवात्मारूपी स्त्री रस-रसिक हरि के रंग में डूब जाती है।

माघ

माघि पुनीत भई तीरथु अंतरि जानिआ।
साजन सहजि मिले गुण गहि अंकि समानिआ॥
प्रीतम गुण अंके सुणि प्रभ बंके तुधु भावा सरि नावा।
गंग जमुन तह बेणी संगम सात समुंद समावा॥
पुन्न दान पूजा परमेसुर जुगि एको जाता।
नानक माघि महारसु हरि जपि अठसठि तीरथ नाता॥

फागुन

फलगुनि मनि रहसी प्रेमु सुभाइआ।
अनदिनु रहसु भइआ आपु गवाइआ॥
मन मोहु चुकाइया जा तिसु भाइआ करि किरपा घरि आओ।
बहुते बेस करी पिर बाझहु महली लहा न थाओ॥
हार डोर रस पाट पटंबर पिरि लोडी सीगारी।
नानक मेलि लई गुरि अपणै घरि वरु पाइआ नारी॥

माघ में, ज्ञान-तीर्थ को अपने अंदर पहचान कर मैं पवित्र हो गयी। मुझे सहज भाव से मेरे साजन मिल गये। उनके गुणों को ग्रहण करके, मैंने उन्हें अपने अंदर समा लिया। हे बांके प्रभु! सुनो, मैंने प्रियतम के गुणों को अपने अंदर बसा लिया है। तुम्हें अच्छा लगना ही ज्ञान के पवित्र सरोवर में स्नान करना है। इसी सरोवर में गंगा-यमुना (सरस्वती) की त्रिवेणी का संगम है तथा सातों समुद्र समाए हुए हैं। युगों-युगों में एक ही परमेश्वर को जानना ही पुण्य, दान और पूजा है। हे नानक! माघ में हरि का जप ही महारस और अड़सठ तीर्थों का स्नान है।

फागुन में जिनके मन में हरि का प्रेम है, वे सौभाग्यशाली हैं। वह अपने अहं को नष्ट करके रात-दिन आनन्द की प्राप्ति करता है। उस प्रभु के अच्छा लगने पर मन के मोह समाप्त हो गये। हे प्रभु! कृपा करके मेरे अन्तःकरण रूपी घर में आओ। प्रिय की कृपा के बिना, अनेक वेश धारण करके भी कोई उसके महल में स्थान नहीं प्राप्त कर सकता। जब प्रियतम ने चाहा तो मैंने हार, डोर, पाटम्बर से अपना शृंगार किया। हे नानक, जब गुरु ने जीवात्मा को अपने साथ मिलाया, तो उसे अपने घर में ही परमात्मा रूपी वर की प्राप्ति हो गयी।

सालग्राम बिप पूजि मनावहु सुकृतु तुलसी माला।
राम नामु जपि बेडा बांधहु दइआ करहु दइआला॥
काहे कलरा सिंचहु जनमु गवावहु।
काची ढहगि दिवाल काहे गचु लावहु॥
कर हरिहट माल टिंड परोवहु तिसु भीतरि मनु जोवहु।
अमृत सिंचहु भरहु किआरे तउ माली के होवहु॥
कामु क्रोधु दुइ करहु बसोले गोडहु धरती भाई।
जिउ गोडहु तिउ तुम्ह सुख पावहु किरतु न मेटिआ जाई॥
बगुले ते फुनि हंसुला होवै जे तू करहि दहआला।
प्रणवति नानक दासनिदासा दइआ करहु दइआला॥

हे विप्र! तुम हरि को शालिग्राम बनाओ और शुभ करणी को तुलसी की माला समझो। राम नाम के जप का बेड़ा बांधो और दयालु ईश्वर से दया की याचना करो।

हे प्राणी! तु कल्लर धरती को सींच कर अपना जन्म क्यों गंवा रहे हो? कच्ची दीवार तो गिर जाएगी, फिर इस पर चूना क्यों लगा रहे हो?

हे साधक! अपने हाथों को अरहर के पालों की माला बनाओ और उसमें अपने मन को पिरो लो। हरि नाम के अमृत जल से जीवन की क्यारी को सींचो, तभी तुम हरि रूपी माली के अपने बन सकते हो।

है भाई! काम-क्रोध को खुरपे और रम्मे बनाओ और इससे अपनी जीवन-धरती को गोड़ो। तुम जैसे-जैसे इस धरती को गोड़ोगे, सुख पाओगे और तुम्हारा श्रम कभी नष्ट नहीं होगा।

हे दयालु हरि! यदि तुम कृपा करो तो बगुला हंस बन सकता है। तुम्हारे दासों का दास नानक विनय करता है कि तुम मुझ पर कृपा करो।

धृगु तिना का जीविआ जि लिखि लिखि वेचहि नाउ।
खेती जिनकी उजडै खलवाडे किआ थाउ॥
सचै सरमै बाहरे अगै लहहि न दादि।
अकलि एह न आखिऐ अकलि गवाइऐ वादि॥
अकली साहिबु सेविऐ अकली पाइऐ मानु।
अकली पढि कै बूझिऐ अकली कीचै दानु॥
नानकु आखै राहु एहु होरि गलां सैतानु॥

उनके जीवन को धिक्कार है, जो हरि नाम को लिख-लिख कर बेचते हैं। जिनकी खेती उजड़ गयी उनके खलिहान में क्या होगा? सत्य और श्रम (उद्यम) के बिना आगे (परमात्मा के यहां) उनकी कोई कदर नहीं होगी। जो अक्ल व्यर्थ के वाद-विवाद में गंवा दी जाती है, वह अक्ल नहीं होती। विवेक (अक्ल) पूर्वक परमात्मा की सेवा करनी चाहिए। इस विवेक से ही हरि के यहां मान प्राप्त होता है। पढ़ना और समझना भी विवेकपूर्ण होना चाहिए और दान भी विवेकपूर्वक दिया जाना चाहिए। नानक कहता है, यही एकमात्र रास्ता है। शेष बातें तो शैतान की हैं।

गुरु पीरु सदाए मंगण जाए।
ता के भूलि न लगिऐ पाए॥
घालि खाइ किछु हथहुं देइ।
नानक राहु पछाणहि सेइ॥

जो लोग अपने आप को गुरु और पीर कहलाते हैं, किन्तु भिक्षा मांगने जाते हैं, उनके चरणों पर कभी नहीं पड़ना चाहिए। हे नानक! वही व्यक्ति सच्चा ईश्वरीय मार्ग पहचानता है जो स्वयं परिश्रम करके उपार्जित करता है और उसमें से कुछ अपने हाथ से दान देता है।

राजे सीह मुकद्दम कुत्ते।
जाइ जगाइन बैठे सुत्ते॥
चाकर नहदा पाइन्हि घाउ।
रतू पितू कुतिहो चटि जाहु॥
जिथै जीआं होसी सार।
नकीं वढीं लाइतबार॥

आज के राजा व्याघ्र के समान हिंसक हो गये हैं। इनके चौधरी कुत्तों के समान लालची हैं। ये लोग अपनी शांत-सुप्त प्रजा को अनायास सताते रहते हैं। राजाओं के नौकर अपने तेज नाखूनों से लोगों पर घाव करते हैं और उनका खून राजाओं के चौधरी चाट जाते हैं। जिस स्थान पर प्राणियों के कर्मों की छान-बीन होगी, वहां उन लाएतबारों की नाक काट ली जाएगी।

सुणि मुंधे हरणाखिए गूडा वणु अपारु।
पहिला वसतु सिजाणी कै तां कीचै वापारु॥
दोही दिचै देरजना मित्रां कूं जैकारु।
जितु दोही सजण मिलनि लहु मुंधे वीचारु॥
तनु मनु दीजै सजणा ऐसा हसणु सारु।
तिसु सिउ नेहु न कीचई जि दिसै चलणहारु॥
नानक जिन्ही इव करि बुझिआ तिन्हा विटहु कुरबाणु॥

हे मृगनयनी मुग्धे। मेरा गूढ़ और अपार वचन सुनो। पहले वस्तु को पहचानो फिर उससे व्यापार करो। तुम यह दुहाई दो कि दुर्जनों की संगति नहीं करोगी। तुम सज्जन मित्रों का जय-जयकार करो। हे मुग्धे! जिस दुहाई देने से सज्जन मिले उसी का विचार करो। सज्जनों को अपना तन-मन समर्पित कर दो, यही सर्वश्रेष्ठ आनन्द है। जो वस्तुएं चलायमान हैं, उनसे स्नेह मत करो। हे नानक! जिन लोगों ने इस बात को समझ लिया है, मैं उनके ऊपर कुर्बान हूं।

रे मन डीगि न डोलिऐ सीधे मारगि धाउ।
पीछै बाघु डरावणो आगै अगनि तलाउ॥
सहसे जीअरा परि रहिओ माकउ अवरु न ढंगु।
नानक गुरमुखि छटिऐ हरि प्रीतम सिउ संगु॥

है मन! गिर कर अपने मार्ग से मत डोलो, सदा सीधी राह पर चलो। इस संसार में पीछे सांसारिक भय रूपी डरावना बाघ है और आगे माया रूपी-अग्नि का तालाब है। मेरा जी संशय में पड़ा हुआ है, क्योंकि मुझे इससे मुक्त होने का ढंग नहीं आता। हे नानक! इस संकट से ऐसे गुरुमुखी लोग ही छूट पाते हैं, जिनका संग हरि प्रियतम के साथ है।

सो ब्रह्मणु जो बिंदै ब्रह्म।
जपु तपु संजमु कमावै कंमु॥
सील संतोख का रखै धंमु॥
बंधन तोड होवै मुकतु।
सोई ब्रह्मणु पूजण जुगतु॥

जो ब्रह्म को जानता है, वही ब्राह्मण है। ऐसा ब्राह्मण जप-तप, संयम और शुभ कर्म करता है। उसका धर्म शील और संतोष है और वह माया के बंधनों को तोड़ कर मुक्त हो जाता है। ऐसा ब्राह्मण ही संसार में पूजने योग्य है।

खली सो जु करमा का सूरु।
पुन्न दान का करे सरीरु॥
खेतु पछाणै बीजै दानु।
सो खली दरगह परवाणु॥
लबु लोभ जे कूडु कमावै।
अपणा कीता आपै पावै॥

जो कर्मों का शूरवीर है, वही वास्तविक क्षत्रिय है। वह अपने शरीर को पुण्य-दान द्वारा बनाता है। वह वास्तविक खेत (पात्र) को पहचान कर दान का बीज बोता है। ऐसा क्षत्रिय ही परमात्मा के दरबार में स्वीकार किया जाता है। यदि कोई क्षत्रिय लालच, लोभ और झूठ की कमाई खाता है, तो वह अपने किये का फल स्वयं भुगतता है।

सभनी घटी सहु वसै सह बिनु घटु न कोइ।
नानक ते सुहागणी जिन्हा गुरमुखि परगटु होइ ॥

सभी शरीरों में प्रभु बसता है, बिना प्रभु के कोई शरीर नहीं है। है नानक! वे ही जीवात्मा रूपी स्त्रियां सुहागिनी हैं, जिन्हें गुरु की शिक्षा से उसकी अनुभूति हो जाती है।

जउ तउ प्रेम खेलण का चाउ।
सिरु धरि तली गली मेरी आउ॥
इतु मारगि पैरु धरीजै।
सिरु दीजै काणि न कीजै॥

यदि तुम्हें प्रेम का खेल खेलने की इच्छा है, तो अपना सिर हथेली पर रखकर मेरी गली में आओ। यदि मेरे बताए हुए मार्ग पर पैर रखना है, तो बिना किसी संकोच के सिर देना होगा।

नीचां अंदरि नीच जाति नीची हू अति नीचु।
नानक तिनकै संगि साथि वडिआ सिउ किआ रीस॥
जित्थै नीच समालिअनि तित्थै नदरि तेनी बखसीस॥

नीच जातियों में जो नीच हैं और उन नीचों में भी जो बहुत नीच हैं, हे नानक! मेरा उन्हीं से संग-साथ है। मुझे बड़े लोगों (जातियों) से कोई बराबरी नहीं करनी है- जहां नीचों को संभाला जाता है, परमेश्वर की कृपा- दृष्टि भी वहीं होती है।

विचि दुनीआ सेव कमाइऐ।
ता दरगह बैसण पाइऐ॥
कहु नानक बाह लुडाइऐ॥

संसार में लोगों को सेवा की कमाई अर्जित करनी चाहिए। इसी से परमात्मा के दरबार में स्थान मिलता है। हे नानक! ऐसे (संसार-सेवी लोग) प्रसन्नतापूर्वक बांहें हिलाते हुए वहां पहुंच जाते हैं।

ऐसे जन विरले जग अंदरि परखि खजानै पाइआ।
जाति वरन ते भए अतीता ममता लोभ चुकाइआ॥
नामि रते तीरथ से निरमल दुखु हउमै मेल दुकाइआ।
नानक तिन के चरण पखालै जिन्हा गुरमुखि साचा भाइआ॥

संसार में ऐसे जन बिरले हैं, जिन्होंने हरि के नाम-रूपी खजाने को परख कर प्राप्त कर लिया है। ऐसे लोग जाति और वर्ण की संकीर्णताओं से ऊपर उठ जाते हैं और ममता तथा लोभ को भी समाप्त कर देते हैं।

जो साधक नाम-रूपी तीर्थ में डूबे हुए हैं, वे निर्मल हैं। उन्होंने दुःख, अहंकार और अन्दर की मैल को समाप्त कर दिया है। हे नानक! ऐसे लोगों के चरण धोने चाहिए, जिन्हें गुरु की शिक्षा द्वारा सत्य (परमात्मा) अच्छा लग गया।